NEUE WEGE WIRTSCHAFTLICHER BETRIEBSFÜHRUNG

VON

DR. ALEXANDER HELLWIG
DIPLOM-KAUFMANN

UND

FRANK MÄCKBACH
DIPLOM-INGENIEUR

BERLIN UND LEIPZIG 1928

VERLAG WALTER DE GRUYTER & CO.

VORMALS G. J. GÖSCHEN'SCHE VERLAGSHANDLUNG — J. GUTTENTAG, VERLAGSBUCHHANDLUNG — GEORG REIMER — KARL J. TRÜBNER — VEIT & COMP.

Druck von Walter de Gruyter & Co., Berlin W 10

Gliederung.

Vorwort.

Die vorliegende Schrift ist geboren aus Begeisterungsfähigkeit und Tatbereitschaft. Beide können bei der Durchführung grundlegender Arbeiten nicht entbehrt werden. Im heutigen Deutschland vergeudet man allzu viel Kräfte und Zeit in Diskussionen, die den zum Handeln bestimmten Personen die Lust und Liebe zur Tat rauben. Deshalb vermag auch die wirtschaftswissenschaftliche Forschung noch keinen nachhaltigen Einfluß auf die Gestaltung des Wirtschaftslebens zu gewinnen, weil ihre lebendigen Erkenntnisse durch endloses Sezieren ihrer befruchtenden Wirkung entkleidet werden und weil andererseits die belebende Wechselwirkung zwischen Wirtschaftspraxis und Wirtschaftsforschung noch allzu sehr fehlt.

Im Gegensatz hierzu steht die amerikanische Auffassung von Wirtschaft und Wissenschaft. Hier ist die unmittelbare Auswertung wissenschaftlicher Erkenntnisse in der Wirtschaft und der rege Gedankenaustausch zwischen Wissenschaftlern und Wirtschaftlern kennzeichnend für die gesunde, allem unfruchtbaren Dogmatismus abholde Geistesrichtung. Neuerdings ist der amerikanische Wirtschaftsminister *Hoover* wieder einen Schritt weitergegangen und hat den Betrieben besonders erfahrene und vielseitig geschulte Persönlichkeiten als Berater und Helfer zur Verfügung gestellt, um Untersuchungen am lebenden Objekt vorzunehmen und Verlustquellen auf dem schnellsten, billigsten und aussichtsreichsten Wege zu verstopfen. Wenn diese neuartige Maßnahme von Regierungsseite in einer kraftstrotzenden, aufblühenden Wirtschaft wie der *amerikanischen* für notwendig und nützlich angesehen wird, um wieviel notwendiger und aussichtsreicher wäre sie in einer verarmten, von inneren und äußeren Einflüssen schwer heimgesuchten Wirtschaft wie der *deutschen*! Ist es nicht ein Verhängnis, daß gerade hier die befreiende Tat allzu sehr von der Blässe des Gedankens, und zwar des unfruchtbaren, grüblerischen, angekränkelt wird!

Die Verfasser haben aus sich heraus — ohne amtlichen oder privaten Auftrag — vor zwei Jahren mit der helfenden Beratung deutscher Betriebe auf dem Wege umfassender *Betriebs-Untersuchungen* begonnen und hierbei wesentliche Erfolge erzielen können. Sie sehen diesen Schritt indes nur als einen bescheidenen Anfang an auf einem neuartigen Wege, der künftig viel stärker begangen werden müßte. Hier liegen reiche Möglichkeiten unmittelbarer Hilfe für die Betriebe, die vom Staate, von wirtschaftlichen Verbänden und industriellen Organisationen, von den Hochschulen und Forschungsstätten in gemeinsamem Wirken genutzt werden sollten. Hierbei würden alle Beteiligten lernen und sich weit besser als bisher verstehen. Allerdings darf nicht kostbare Zeit durch vorbereitende Sitzungen und Ausschüsse, Abfassung von Denkschriften und Studienreisen verloren gehen. Es muß vielmehr gehandelt werden. Es müssen Persönlichkeiten zur verantwortungsvollen Mitwirkung gewonnen werden, die begeisterungs- und opferfähig sind, die erkannt haben, daß der *Wille* befreit und aus *schöpferischen Taten* die größten und bleibenden Werte fließen.

Möge diese Niederschrift dazu beitragen, den erloschenen Glauben an die eigene Kraft zu wecken! Möge sie die Hoffnungslosigkeit bannen und den Weg der Selbsthilfe zeigen! Möge sie vor allem allen Gliedern des deutschen Volkes die schicksalsmäßige Verbundenheit mit der Wirtschaft vor Augen führen und die daraus folgende zwingende Notwendigkeit ernster fachlicher Zusammenarbeit, in der kein Raum ist für künstlich geschaffene Trennungsmomente irgendwelcher Art!

Berlin-Charlottenburg, im Dezember 1927.

Dipl.-Kfm. **Dr. Alexander Hellwig.** Dipl.-Ing. **Frank Mäckbach.**

I. Einleitung.

Die Verfasser haben im Frühjahr 1926 mit dem Studium industrieller Betriebe begonnen. Ihre Arbeiten dehnten sich allmählich auf Groß-Berlin und Brandenburg, Sachsen und Thüringen, Hannover, Rheinland-Westfalen, Pfalz und Saargebiet aus und umfaßten nachstehende Wirtschaftszweige:

1.	Textilwaren	15	Betriebe
2.	Lederwaren	3	,,
3.	Papier und Papierwaren	5	,,
4.	Holz und Holzwaren	5	,,
5.	Nahrungsmittel	5	,,
6.	chemische Industrie	5	,,
7.	Metallwaren	5	,,
8.	Elektrotechnik	10	,,
9.	Maschinenfabriken	15	,,
10.	graphische Anstalten	3	,,

Der Anlaß zu diesen Betriebsstudien war der Wunsch, die Vorbedingungen, Formen und Auswirkungen der »Fließarbeit« in den *Betrieben* zu studieren, um einen genaueren Einblick in die Eigentümlichkeiten der Betriebe und gleichzeitig Grundlagen zur Förderung der deutschen Rationalisierung zu gewinnen. Schon bei den ersten unter diesem Gesichtspunkt vorgenommenen Studien in einigen Groß-Berliner und sächsischen Betrieben zeigte es sich, daß nicht bestimmte Methoden der Produktionsbeschleunigung studiert oder propagiert werden konnten, sondern daß *alle die Wirtschaftlichkeit des Unternehmens beeinflussenden Faktoren in Verbindung mit der Betriebsaufgabe und -struktur* einer planmäßigen Untersuchung unterzogen werden mußten, wollte man einen objektiven Einblick in die kausalen Zusammenhänge gewinnen und dem Betriebe wirksame Hilfe leisten. So entwickelten sich aus diesen Betriebsstudien *Betriebs-Untersuchungen*, die nach und nach auf etwa 70 verschiedenartige Betriebe in 10 verschiedenartigen Industriezweigen ausgedehnt wurden.

Vereinzelt bestand ursprünglich seitens der Unternehmerschaft eine Abneigung gegen derartige umfassende, ihre Betriebe auf Herz und Nieren prüfende Untersuchungen. Meist aber wich die anfängliche Verschlossenheit und Abneigung bald einer bereitwilligen und vertrauensvollen Mitarbeit, besonders dann, wenn die vorgeschlagene Umstellung wesentliche Erfolge in Aussicht stellte. Starke Hemmungen waren da zu überwinden, wo das schleichende Gift des Pessimismus Eingang in Unternehmerschichten gefunden hatte. Hier war es nötig, *die Geister aufzurütteln*, das Vertrauen in die eigene Kraft wieder zu erwecken und damit den Boden für die fachliche Arbeit vorzubereiten. In der Mehrzahl der Fälle herrschte indes noch der feste Glaube an die Überwindung aller, auch der durch die besondere Lage der deutschen Wirtschaft gegebenen Schwierigkeiten. Hier kam in der Hauptsache eine Nachprüfung der eingeschlagenen Wegrichtung in Frage. Im Eifer der Umstellung waren zuweilen die besonderen Bedürfnisse der Unternehmungen und die durch *Betriebsaufgabe und -struktur* bedingte Förderung der *jeweiligen Wirtschaftlichkeitsquellen* vernachlässigt worden. Oft war damit die Einführung betriebsfremder Methoden verbunden, von denen man sich die Erlösung aus aller Not versprochen hatte. — Die vielseitigen Eindrücke aus diesen Betriebs-Untersuchungen drängten zu einer systematischen Verarbeitung der grundlegenden Ergebnisse. Es konnte sich hierbei nur um einen Versuch handeln, der keinen Anspruch auf Befriedigung aller Bedürfnisse macht. Wir haben indes die Bedenken gegenüber der unvollkommenen Behandlung des Stoffes zurückgestellt, weil wir eine Nutzung dieser Ergebnisse durch die Praxis als einen Dienst an der Wirtschaft ansehen. Dabei war der Gesichtspunkt maßgebend, unter Ablehnung jeder rezeptmäßigen Darstellung die scharfe Herausarbeitung des *Grundsätzlichen*, insbesondere auf organisatorischem Gebiet, zu versuchen, das nicht nur in der mit Schlagworten übersättigten Gegenwart, sondern auch in Zukunft Geltung haben wird.

II. Die Produktionsfaktoren im Produktionsprozeß.

Inangriffnahme der Rationalisierung.

So stark der allgemeine Wunsch nach einer Reorganisation der Betriebe ist, so viel Irrtümer werden bei der Inangriffnahme und Durchführung der Rationalisierungsmaßnahmen begangen. Wenn aber schon bei der Inangriffnahme der Umstellungsarbeiten falsch verfahren wird, so darf es nicht wundernehmen, daß der erhoffte Erfolg ausbleibt und die angestrebte Verbesserung der Wirtschaftlichkeit nicht erreicht wird. Nur Anstrengungen an einer für den Gesamterfolg *wesentlichen Stelle* vermögen nachhaltige Wirkungen zu zeitigen. Vielfach hindert der Drang nach schnellen, in die Augen springenden Erfolgen die grundlegende Umstellung. Es handelt sich bei derartigen Tagesmaßnahmen nur um teilweise Erneuerungen oder Verbesserungen, die gewöhnlich in den Anfängen stecken bleiben. Vereinzelt kann hierbei eine Irreführung der verantwortlichen Stellen, die eine durchgängige Erneuerung des Betriebes erstreben, beabsichtigt sein. Der Außenstehende läßt sich noch viel leichter durch Äußerlichkeiten oder einzelne Maßnahmen in seinem Urteil über den Betrieb beeinflussen. Erst reichlich spät pflegt man zu bemerken, daß sich Einrichtungen und Methoden in den Betriebskörper eingeschlichen haben, die als Fremdkörper den Ablauf des Erzeugungsprozesses stören, die die Wirtschaftlichkeit nachteilig beeinflussen. Inzwischen ist aber viel Lehrgeld nutzlos vertan worden, das bei zweckmäßiger Verwendung wirtschaftlichen Erfolg hätte zeitigen können. In diesem Falle behalten die Widersacher jeder Erneuerung scheinbar recht, die von vornherein die Dinge beim Alten lassen wollten, die jede ernste Arbeit als nutzlos betrachten, weil »es bisher auch lange genug gut ging«. *Die Grundbedingungen jeder erfolgreichen Rationalisierung liegen in einer organischen Betriebs- und Wirtschaftsführung, d. h. in einer erkenntnisbewußten Disposition, die sowohl die inneren — die Betriebsmomente — als auch die äußeren — die Marktmomente — erfaßt und nutzt*[1]).

Die *Betriebsstruktur* hängt mit der Betriebsaufgabe und dem Betriebszweck zusammen, die beide die *Organisation* des Fertigungs- und Verwaltungsprozesses bestimmen. Davon hängt die Gestaltung der Betriebsapparatur und die Ordnung der Betriebsfunktionen ab. Jede Organisation ist zweck- und zielbedingt; sie bedeutet die *organische* Regelung der Betriebsfunktionen. An dem Gehalt der Organisation erkennt man den Grad der Durchgeistigung des Betriebes und die in ihm wirkenden schöpferischen Kräfte, die letzten Endes die Entwicklung und das Schicksal des Unternehmens bestimmen. Deshalb bestimmt der Gütegrad der Organisation auch den Wert der Unternehmung.

---

1) Vgl. *Hellwig*: „Organische Betriebsdisposition" in Z. f. B. 1926, Heft 1 und 2.

Wegrichtung der Reorganisation.

Wodurch wird nun die *Wegrichtung* der Betriebs- und Wirtschaftsführung und damit die Umstellung und Erneuerung des Betriebes bestimmt? Die Antwort auf diese Frage darf nicht nur lauten: „durch Betriebsaufgabe und Betriebsziel, durch die Betriebsstruktur"; eine derartige Antwort bietet noch keinerlei Anhaltspunkte für eine praktische Auswertung. Bei näherer Betrachtung zeigt sich, daß Betriebsstruktur und damit Betriebsaufgabe und Betriebszweck mit der *Zusammensetzung der Betriebsleistung* zusammenhängen. Diese Betriebsleistung ist das Ergebnis des Zusammenwirkens verschiedener Faktoren, *Produktionsfaktoren* genannt, die dem Rohstoff-, Arbeits- und Kapitalmarkt entnommen und nach Abschluß des Produktionsprozesses dem Absatzmarkt als Güter zur Bedürfnisbefriedigung der Allgemeinheit übermittelt werden. Dabei richtet sich die besondere Aufgabe der modernen Unternehmung darauf, die zu günstigsten Bedingungen, d. h. zu niedrigsten Preisen, erhältlichen Produktionsfaktoren dem Markt zu entnehmen und sie als Fertigerzeugnisse zu günstigsten Bedingungen, d. h. zu relativ hohen Preisen, dem Markt wieder zuzuführen. Wir unterscheiden folgende Produktionsfaktoren: *Werkstoff, Arbeit und Produktionsmittel* (Anlagekapital). Der kostenmäßige Anteil dieser Produktionsfaktoren an der Betriebsleistung ist nun maßgeblich für den Aufbau, für die Struktur des Betriebes, bestimmt daher auch die Richtung der Betriebs- und Wirtschaftsführung. Die Produktionsbedingungen des Betriebes spiegeln sich in den Vermögenspositionen der Bilanz, in den Aktiven wider, die die Zusammensetzung des Gesamtvermögens aus Anlage- und Betriebsvermögen und die Gliederung in Unterarten zeigen; die Finanzierung des Betriebes wird durch die Passivseite der Bilanz, durch die Kapitalpositionen gekennzeichnet.

Werkstoffbedingte Betriebe.

Ein *Werkstoff*-Anteil in Höhe von etwa 50%, 60% oder 70% der Herstellungskosten rückt die *Beschaffungsdisposition* innerhalb der Wirtschaftsführung in den Vordergrund und damit alle Einrichtungen und Maßnahmen, die mit dem Einkauf, dem Lagerwesen, der Verbrauchs- und Abfallkontrolle usw. zusammenhängen. Hier muß vor allem dem *Beschaffungsmarkt* große Aufmerksamkeit gewidmet werden, weil die durch Nutzung dieser Marktströmungen erzielbaren Erfolge, die sich in dem Verhältnis der Marktpreise am Einkaufs- und Absatztag zeigen, von starkem Einfluß auf die Wirtschaftlichkeit des Gesamtbetriebes sind; sie bestimmen maßgeblich den Wirtschaftlichkeitsgrad des Betriebes. Einkaufsverluste können in Werkstoff orientierten Betrieben nicht durch betriebsinnere Maßnahmen, die auf Ersparnisse an Betriebs- und Arbeitsstunden hinzielen, aufgewogen werden. Die Beschaffungsmärkte unterliegen nun sehr verschiedenen, teils stärkeren, teils schwächeren Schwankungen, die sich als Ausflüsse konjunktureller Strömungen, aber auch struktureller Wandlungen darbieten. Die deutsche Wirtschaft hat, ähnlich wie fremde Gesamtwirtschaften, erhebliche strukturelle Wandlungen durch Lostrennung rohstoffwichtiger Gebiete und Auflösung der früheren weltwirtschaftlichen Ordnung erlebt, wovon auch die Märkte der Rohstoffe erheblich beeinflußt wurden. Verstärkt wurde diese Bewegung durch die neuartige Schichtung der inländischen und ausländischen Abnehmerschaft, deren veränderte Kaufkraft und Kaufneigung wieder andersgeartete Anforderungen an den Markt stellte. Im Hinblick auf diese starken, nicht immer klar erkennbaren Einflüsse der Struktur- und Konjunktur-Erscheinungen auf die Betriebs- und Wirtschaftsführung wird der *Konjunkturforschung* in neuerer Zeit steigende Beachtung gezeigt. Man wird indes von diesen Forschungen hauptsächlich die Aufdeckung der Kausalzusammenhänge, nicht aber Richtlinien für die Disposition erwarten können. Die Konjunkturforschung darf nur ein Hilfsmittel, einen Stützpunkt, vielleicht einen Richtungszeiger, aber niemals einen Ersatz der Unternehmerdisposition bilden. Das folgt schon daraus, daß die Ergebnisse der Konjunkturforschung vorwiegend historischen Charakter tragen. Es gibt im Wirtschaftsleben eine Reihe irrationaler Einflüsse, die aus der politischen Lage, aus handels- und zollpolitischen Maßnahmen, aus bevorstehenden technischen Erfindungen, Entdeckungen und Ideen usw. folgen und sich der exakten Forschung nicht restlos darbieten [1]).

Arbeitsorientierte Betriebe.

Wenn der *Arbeitskosten-Anteil* an der Betriebsleistung etwa 25%, 35% oder gar 40% beträgt, so hat die Betriebs- und Wirtschaftsführung — und somit die Rationalisierung — einen anderen Angriffspunkt als in den vorgenannten Betrieben, deren Leistungen einen hohen Werkstoffanteil aufweisen. In diesem Fall müssen sich alle Anstrengungen auf zielbewußte Förderung des Faktors *Arbeit* erstrecken. Hierher gehört in erster Linie die Auswahl und Schulung der Arbeitskräfte, die Arbeitsteilung und -gliederung, die Arbeitsführung und Arbeitsorganisation. Demzufolge müssen auch die mit diesen Funktionen betrauten Betriebs-

[1]) Vgl. Vierteljahrshefte des Instituts für Konjunkturforschung, Berlin.

organe eine andere Gestaltung erhalten als in den ersterwähnten Betrieben, deren Wirtschaftlichkeit durch Nutzung des Beschaffungsmarktes und rationelle Verwendung der Werkstoffe maßgeblich beeinflußt wird. Hiergegen ist es die zweckmäßige, d. h. reibungslose Führung der Arbeit, die einen *optimalen Leistungs- bzw. Intensitätsgrad der Arbeitskräfte*, d. h. ein günstiges Verhältnis zwischen tatsächlicher und optimaler Arbeitsleistung erstrebt. Bei einem hohen Kostenanteil der Arbeit an der Betriebsleistung vermag sie erhebliche Ersparnisse zu erzielen und den Wirtschaftlichkeitsgrad des Betriebes wesentlich zu beeinflussen. Als ein Bestandteil der kosten- und zeitersparenden Arbeitsführung muß die *Abstimmung* und zweckmäßige Verbindung der Einzelleistungen angesehen werden, die den Arbeits- und Betriebsfluß gleichmäßig verlaufen läßt und Spannungen bzw. Verluste vermeidet. Zur Erreichung des harmonischen Arbeitsflusses wird eine systematische Arbeitsvorbereitung und -Überwachung Platz greifen müssen, die vermittels planmäßiger Arbeitsstudien eine stetige Vervollkommnung der Arbeitsprozesse anstrebt.

Anlagenorientierte Betriebe.

Wenn schließlich das *Anlagekapital* in Form von Betriebseinrichtungen jeder Art den kostenmäßig stärksten Bestandteil der Betriebsleistung mit etwa 50% oder gar 60% und mehr bildet, so muß sich das Hauptaugenmerk der Betriebs- und Wirtschaftsführung und damit der Rationalisierung auf die Verbesserung des *Nutzungsgrades* richten, der das Verhältnis zwischen genutzten Anlagenstunden und den gegebenen Betriebsstunden darstellt. Nehmen wir z. B. an, die tägliche Nutzung einer Arbeitsmaschine betrage im Mittel 4 Stunden, während die Betriebszeit bei 100 prozentigem Beschäftigungsgrad 8 Stunden beträgt, so ist der Nutzungsgrad der Anlage $4/8 = 50\%$. In dieser Weise muß der Nutzungsgrad für *jede Anlage* des Betriebes berechnet und verfolgt werden, weil sich aus dem Gefälle der Nutzungsgrade wichtige Fingerzeige in dispositiver und organisatorischer Hinsicht ergeben. Bei der Berechnung des Nutzungsgrades zwecks Beurteilung der Betriebsführung muß der von dem Auftragsvorrat abhängige *Beschäftigungsgrad* ausgeschaltet werden, weil die Betriebsleitung nur für den Nutzungsgrad im Rahmen des Beschäftigungsgrades verantwortlich gemacht werden kann. Unter *Beschäftigungsgrad* verstehen wir das *mengenmäßige Verhältnis* zwischen der tatsächlichen und der möglichen Leistung [Ist- : Kann-Leistung] des Betriebes, ausgedrückt in Betriebsstunden. Beträgt z. B. der durch den Auftragsvorrat unter Berücksichtigung der Terminverpflichtungen gegebene Betriebsstundenvorrat 100 000 Stunden und sind die Betriebseinrichtungen auf eine Inanspruchnahme von 150 000 Stunden [Arbeitsplätze mal Stundenzahl] in dem gleichen Zeitraum eingestellt, so ist der Beschäftigungsgrad 100 000 : 150 000 = 66²/₃%. Es ist notwendig, diesen Beschäftigungsgrad auch für die Betriebsgruppen oder Unterbetriebe zu berechnen, damit *Belastungsspannungen* innerhalb des Betriebes in Erscheinung treten und zu betriebsorganisatorischen oder preistaktischen und preispolitischen Maßnahmen Veranlassung geben. Hier wird in vielen Fällen auch die Vorbedingung für die Erhöhung des Nutzungsgrades der Betriebseinrichtungen liegen, wovon je nach ihrem Anteil an der Gesamtleistung der Wirtschaftlichkeitsgrad beeinflußt wird. Bei systematischen Untersuchungen in dieser Richtung wird sich herausstellen, wo der einzelne Nutzungsgrad verbessert werden muß, damit ein höherer allgemeiner Nutzungsgrad erzielt wird. Rekordleistungen an einzelnen Betriebsstellen haben keine werterhöhende, d. h. wirtschaftliche Bedeutung, wenn sie nicht im Zusammenhang mit korrespondierenden Betriebsstellen und damit mit dem gesamten Betriebsfluß erfolgen. Es muß bei allen auf die Erhöhung des Nutzungsgrades gerichteten Bestrebungen beachtet werden, daß jede Betriebsstelle und jede Betriebsfunktion integrierende Bestandteile des Betriebskörpers darstellen und daß sich Einzelmaßnahmen im Gesamtorganismus in einer bestimmten Weise äußern.

Quellen der Wirtschaftlichkeit.

Diese grundsätzlichen Betrachtungen lassen die Bedeutung der *Wirtschaftlichkeitsrechnung* für die Betriebsführung erkennen. In der Stückkalkulation schlagen sich die kostenmäßigen Anteile der Produktionsfaktoren des Einzelerzeugnisses nieder. Die Erfolgsrechnung klärt die Auswirkungen der Betriebs- und Wirtschaftsführung; sie soll vor allem die verschiedenartigen *Quellen der Wirtschaftlichkeit* des Betriebes aufzeigen. Wir sehen als Quellen der Wirtschaftlichkeit des Betriebes die *»technische Produktivität«*, die *»wirtschaftliche Produktivität«* und den *»Marktanpassungsgrad«* an [1]). Unter *technischer* Produktivität verstehen wir das *mengenmäßige* Verhältnis von Leistungs- und Kostengütern. Diese technische Produktivität wird durch den Wirkungsgrad der Anlagen und das Ausbringungsverhältnis im Arbeitsprozeß bestimmt, das mit den zur Verfügung stehenden Produktionsmitteln einen möglichst hohen Leistungserfolg zu erzielen versucht. Infolge-

[1]) Vgl. *Lehmann*: Der Begriff der Wirtschaftlichkeit in Volkswirtschaft, Betrieb und Haushalt« in Z. f. B. Jahrgang 1926 und 1927.

dessen hat die *organisatorische* Arbeit einen bedeutenden Anteil an der technischen Produktivität, die sich somit als Produkt aus betriebstechnischen und betriebsorganisatorischen Maßnahmen darstellt. Die technische Produktivität des Betriebes ist gleichbedeutend mit der Wirtschaftlichkeit des Betriebes, solange keine mengenmäßige Verschiebung auf dem Markt der Produktionsmittel und Arbeitskräfte vorliegt, wie das in der geschlossenen Haus- und Stadtwirtschaft fast der Fall zu sein pflegt. Sowie aber eine mengenmäßige Verschiebung eintritt, so ergibt sich als Folge daraus eine Änderung der Preise, wie das in der modernen Verkehrswirtschaft immer der Fall ist. Dann aber ist nicht mehr der durch den Wirkungsgrad der Anlagen und den Ausbringungsgrad des Produktionsprozesses bestimmte technische [und organisatorische] Produktivitätsgrad gleichbedeutend mit dem Wirtschaftlichkeitsgrad des Betriebes, sondern es kommt noch darauf an, mit welchen *Kosten* dieser Produktivitätsgrad erzielt wird bzw. ob die gleiche technische Produktivität nicht mit geringerem Kostenaufwand erreichbar ist. Somit fügt sich ein neuer Teil-Produktivitätsgrad dem bisherigen technischen Produktivitätsgrad bei: die *wirtschaftliche Produktivität*. Wir verstehen hierunter — unter Einbeziehung der Aufwendungen für die verbrauchten Kostengüter — das Verhältnis zwischen der Menge der Leistungsgüter und dem Produkt aus Menge der Kostengüter und ihren Aufwendungen.

Wenn technische und wirtschaftliche Produktivität — »Wirtschafts- und Betriebstaktik« — in Zeiten stetiger Marktentwicklung die Wirtschaftlichkeit des Betriebes bestimmen, so kommt in Zeiten struktureller Umschichtung und starker Konjunkturströmungen ein weiteres Moment hinzu: der »*Marktanpassungsgrad*« der Betriebe, der durch das Verhältnis zwischen dem Preisindex der Kostengüter und dem der Leistungsgüter bestimmt wird. Der Marktanpassungsgrad des Betriebes — »die Wirtschaftsstrategie« — kann somit aus den Kurven dieser Indexziffern verfolgt werden. Wenn sich hierbei die Kurve der Kostengüter in gleicher Richtung wie die der Leistungsgüter bewegt, so kann man den Marktanpassungsgrad *mit 1*, d. i. normal, annehmen. Wenn dagegen die Kurve der Kostengüter in stärkerem Maße steigt als die der Leistungsgüter, so liegt der Marktanpassungsgrad *unter 1* und bedeutet ein Absinken des Wirtschaftlichkeitsgrades des Betriebes. Der günstigste Fall liegt dann vor, wenn die Kurve der Leistungsgüter *über* der der Kostengüter liegt, der Marktanpassungsgrad also 1,1, 1,2 usw. ist. In diesem Falle sind die Voraussetzungen einer Steigerung der Wirtschaftlichkeit des Gesamtbetriebes gegeben. In allen Fällen kann unter Einbeziehung absoluter Werte auch die tatsächliche Auswirkung der Markteingliederung ermittelt werden [1]).

Kostenvariationen in Industriebetrieben.

Aus den untersuchten Betrieben seien nachstehend einige Kostenrelationen genannt, die die Verschiedenheiten in Struktur, Aufgabe und Zweck sowie in den Produktionsbedingungen der Betriebe widerspiegeln und die in großen Zügen auch die *Wege der Rationalisierung, d. h. der zweckmäßigen Betriebs- und Wiertschaftsführung im einzelnen klarlegen.*

Industriezweig	*Werkstoff*	*Arbeit*	*Gemeinkosten*
	in % der Selbstkosten		
1. Eisenblechwaren	25%	25%	50%
2. eiserne Preßstücke	60%	10%	30%
3. elektr. Installationsmaterial	50%	10%	40%
„ Meßinstrumente	20%	18%	62%
4. Holzwaren	45%	20%	35%
	55%	20%	25%
5. Baumwollgewebe	50%	10%	40%
	60%	15%	25%
6. Leinen- und Baumwollgewebe	55%	17%	28%
7. Baumwoll- und Seidengewebe	35%	40%	25%
8. Natur-Seidengewebe	54%	30%	16%
9. Seifen, gewöhnliche Ware	50%	10%	40%
Seifen, Spezialware	60%	15%	25%
10. Graphisches Gewerbe	20%	35%	45%

Hierzu ist zu bemerken, daß diese Kostenrelationen aus einer Reihe von Kostenberechnungen der wichtigsten Erzeugnisse zusammengestellt wurden. Der Kostenanteil »Arbeit« gibt hier nur die direkte Fertigungsarbeit wieder, während die indirekte Fertigungsarbeit in den »Gemeinkosten« enthalten ist. Nach den obigen Überlegungen müßte aber auch diese unter dem Faktor »Arbeit« erfaßt werden, weil es hierbei gleichgültig ist, wo die Arbeit geleistet wird. In den »Gemeinkosten« sind die Kostenanteile aus Abschreibung, Verzinsung, Instandhaltung usw. des Anlagekapitals d. i. der Betriebseinrichtungen enthalten; sie nehmen einen verschieden hohen Anteil ein. In der Regel bean-

[1]) Wir verweisen an dieser Stelle auf die Untersuchungen von *M. R. Lehmann* in der Z. f. B. 1926: »Der Begriff der Wirtschaftlichkeit in Volkswirtschaft, Betrieb und Haushalt«, ferner »Wirtschaftlichkeitsmessungen« in Z. f. B. 1927. — Vgl. *Schmalenbach*: »Dynamische Bilanz«, derselbe: »Selbstkostenrechnung«.

spruchen Abschreibung, Verzinsung, Instandhaltung und Inbetriebsetzung der Betriebsanlagen etwa 60—70% der Gemeinkosten, während 30—40% größtenteils von der Verwaltungsarbeit absorbiert werden. Das trifft insbesondere in den stark mechanisierten Betrieben zu, beispielsweise für die unter 1., 3., 5. und 9. genannten Betriebe, wo infolgedessen der Anteil der *festen Kosten*, das ist der vom Beschäftigungsgrad unabhängigen Kosten, sehr hoch ist und im Mittel etwa 60—70% der Gemeinkosten beträgt.

Innerhalb der einzelnen *Industriezweige* bestehen große Mannigfaltigkeiten in den Kostenrelationen, die von der Fertigungsart und der Arbeitstechnik abhängen. Es ist von wesentlichem Einfluß, ob der Betrieb auf Einzel-, Reihen- oder Massenfertigung eingestellt ist. An sich kann natürlich das kostenmäßige Verhältnis der Produktions-Faktoren noch keinen Maßstab für die Wirtschaftlichkeit des Betriebes bedeuten, weshalb es auch abwegig ist, etwa aus dem Größenverhältnis der Gemeinkosten zu den Arbeitskosten irgendwelche Schlüsse hinsichtlich der Gestaltung des Produktionsprozesses zu ziehen oder gar den Betrieb hiernach zu werten. Wenn beispielsweise im Falle 1 »Eisenblechwaren« das Verhältnis von Arbeit und Gemeinkosten 1 : 2, im Falle 2 »Eiserne Preßstücke« 1 : 3 und im Falle 3 »Elektr. Installationsmaterial« 1 : 4 ist, so kann der letztere Betrieb wirtschaftlicher als der erstere Betrieb arbeiten, obgleich bzw. weil die Kapitalnutzung die vierfachen Kosten des Faktors Arbeit beansprucht. Diese Verschiedenheit wird durch die mit Produktionszweck und Produktionsart gegebenen Produktionsbedingungen erzwungen. Hier schlägt sich die Vermögensgliederung der Betriebsbilanz nieder. Auf diese Momente muß ausdrücklich hingewiesen werden mit Rücksicht auf die schiefe Einstellung mancher Betrachter, die schon die Kostenrelationen der Produktionsfaktoren als Kriterium der Wirtschaftlichkeit ansehen; sie verkennen dabei, daß diese der Ausfluß der der Betriebsgestaltung zugrundeliegenden Vermögens- und Kapitaldisposition sind.

Auch innerhalb der *Betriebe* sind Kostenvariationen zu beobachten, die immer dann auftreten, wenn *verschiedenartige Erzeugnisse aus verschiedenwertigen Kostenelementen* hergestellt werden. Je zahlreicher diese Kostenrelationen im Betriebe sind, je reichhaltiger demzufolge das Fertigungsprogramm ist, um so größere Anforderungen werden an die Betriebsführung gestellt. Das kann so weit gehen, daß selbst innerhalb der einzelnen Betriebsorgane verschiedenartige Betriebsfunktionen notwendig werden, die sich nicht durch einheitliche Richtlinien regeln lassen. Ob und inwieweit eine derartige Mannigfaltigkeit infolge eines vielseitigen Fertigungs- und Arbeitsprogrammes wirtschaftlich ist, kann nicht nach fertigungs- bzw. betriebstechnischen, sondern nur nach betriebswirtschaftlichen Gesichtspunkten beurteilt werden. Die Wirtschaftsführung, die einen möglichst hohen Gesamt-Wirtschaftlichkeitsgrad [Produkt aus technischer und wirtschaftlicher Produktivität und Marktanpassungsgrad] zu erreichen strebt, wird je nach der Betriebsstruktur und dem Betriebszweck ihre Dispositionen treffen. Demzufolge gebührt der *technischen* [und organisatorischen] *Produktivität* der Vorrang, wenn der Verarbeitungsprozeß an sich den größten Kostenanteil an der Betriebsleistung darstellt, vor allem dann, wenn eine stetige Marktlage größere Preisschwankungen in den Produktionsfaktoren Werkstoff — Arbeit — Anlagekapital ausschließt. Wenn die *Fremdlieferungen* einen erheblichen Kostenanteil der Betriebsleistung darstellen, vor allem, wenn die Preise aller Produktionsfaktoren erheblichen Schwankungen auf dem Markte unterworfen sind, so gebührt der *wirtschaftlichen Produktivität* der Vorrang. Die Rangordnung beider Produktivitätsquellen und damit die der leitenden Persönlichkeiten kann demnach nur unter Berücksichtigung dieser Momente bestimmt werden; sie ist überdies keine starre, sondern beweglich. Wenn Umschichtungen der Gesamtwirtschaft und Konjunkturschwankungen eine Umgestaltung der Märkte herbeiführen, so wird das Schicksal des Betriebes letzten Endes von dem *Marktanpassungsgrad* und damit von einer Wirtschaftsführung bestimmt, die durch Nutzung aller Marktströmungen ein hohes *Wertgefälle zwischen Kosten- und Leistungsgütern* herbeizuführen vermag, die also die billigsten Produktionsfaktoren erwirbt und zu den teuersten, weil seltensten Produktionsgütern umwandelt.

Erst unter Berücksichtigung dieser Gesichtspunkte können die Einzelmaßnahmen — Verbesserung des Nutzungs- und Leistungsgrades, Nutzung des Beschaffungsmarktes usw. — einen dauernden wirtschaftlichen Erfolg zeitigen. Jeder einseitigen, den kausalen Zusammenhang der Wirtschaftlichkeitsquellen und ihre Bedeutung im Gesamtbetriebe verkennenden Betriebsführung wird der dauernde Erfolg versagt bleiben. Das hat sich in starkem Maße in vielen Betrieben gezeigt, die durch bloße fertigungstechnische Verbesserungen [Band- oder Fließarbeit] und unter Vernachlässigung der wirtschaftlichen Momente [Beschaffungs- und Absatzdisposition] Erfolge glaubten buchen zu können. Sie haben hierbei übersehen, daß *jeder Betrieb eine Zelle der Gesamtwirtschaft darstellt und mit dieser organisch verbunden ist.* Aus der Erkenntnis der organischen Verbundenheit von Einzel- und Gesamtwirtschaft müssen die Grundzüge planmäßiger Betriebs- und Wirtschaftsführung abgeleitet werden; ihre Wege im einzelnen folgen aus den Kostenrelationen der Produktionsfaktoren.

III. Der Werkstoff im Produktionsprozeß.

a) Vorbemerkungen.

Der Werkstoff kann hier nur unter *wirtschaftlichen* Gesichtspunkten behandelt werden, insbesondere im Zusammenhang mit den Funktionen der Beschaffung und Verwaltung, der Arbeitsvorbereitung usw. Dagegen ist es nicht angängig, auf Einzelbeobachtungen, die mit der *konstruktiven* Gestaltung und *Verarbeitung* zusammenhängen, einzugehen. Immerhin sei den nachstehenden Betrachtungen der Hinweis vorangestellt, daß in den letzten Jahren, namentlich im Zeichen des Rohmaterialmangels in der Kriegs- und Nachkriegszeit, eine früher ungewohnte Mannigfaltigkeit der Werkstoffarten und Verarbeitungsmethoden in die Erscheinung getreten ist, die den individuellen Anforderungen der verschiedensten Verwendungsgebiete in hohem Maße entgegenkommt. Diese Mannigfaltigkeit setzt bei der Auswahl der Werkstoffe weitergehende technische Kenntnisse als ehedem voraus. So kann es nicht befremden, daß während der Übergangszeit zuweilen Fehler in der Auswahl unterlaufen. Beispielsweise kommt es vor, daß bei der Wahl des Werkstoffes wohl die Eignung für den betreffenden Verwendungszweck geprüft, dabei aber übersehen wird, daß die vorhandenen Einrichtungen sich nicht für die Verarbeitung eignen. Andererseits werden einzelne Verfahren, z. B. Wärmebehandlung von Stählen, nicht richtig ausgeführt, so daß die guten Eigenschaften des Werkstoffes dann nicht voll zur Geltung gelangen. Nicht immer werden alle Vorzüge desselben ausgenützt, wo es z. B. möglich wäre, durch hochwertiges Gußeisen den teureren Stahl- oder Temperguß zu ersetzen u. a. m. [1]).

b) Ergebnisse der Betriebs-Untersuchungen.

Allgemeine Beobachtungen.

Der Kostenanteil der Werkstoffe schwankt in den untersuchten Betrieben zwischen 20 und 60% der Betriebsleistung. Während er in

[1]) *Die Werkstoffschau 1927* hat auf diesem Gebiet besonders instruktive Beispiele geboten.

stark mechanisierten Zweigen der Textilindustrie zwischen 50—60% liegt, schwankt er in der elektrotechnischen, in der Holzwaren- und Metallindustrie zwischen 20 und 50% des Erzeugungswertes. Bei dem durch diesen Kostenanteil bestimmten Einfluß des Werkstoffes auf die Richtung der Betriebs- und Wirtschaftsführung muß außerdem der *Charakter des Beschaffungsmarktes* berücksichtigt werden. Hierbei kann es sich um große, durch die Natur des Rohstoffes und die Art seiner Verteilung gegebene Schwankungsgrenzen oder nur um unerhebliche, durch Syndizierung und Kartellierung abgedämpfte Schwankungen handeln. Beispielsweise haben diejenigen Industriezweige, die Baumwolle, Seide, Leder, Öle und Fette verarbeiten, in den letzten Jahren unter außerordentlich schwankenden und undurchsichtigen Marktverhältnissen zu leiden gehabt. Um so mehr fällt hier, noch dazu bei dem überragenden Kostenanteil der Werkstoffe, die mangelhafte *Marktbeobachtung* auf. Namhafte Textilfabriken haben trotz rückläufiger Bewegung der Baumwollpreise noch große Jahresabschlüsse gemacht, die zu erheblichen Konjunkturverlusten führten. Diese bedeutenden Verluste konnten im Hinblick auf den überragenden Werkstoffanteil nicht durch betriebsinnere Maßnahmen, etwa durch verbesserte Nutzung der Betriebsmittel und durch Leistungssteigerung der Arbeitskräfte, d. h. durch Erhöhung der technischen Produktivität, wettgemacht werden. Es sei hierbei ergänzend bemerkt, daß es in diesen Betrieben überhaupt an *Planmäßigkeit* in der Betriebs- und Wirtschaftsführung fehlte, daß z. B. Fabrikationsprogramm, Betriebsetat, Wirtschaftsrechnung usw. noch in den Anfängen steckten. Diese Versäumnis wird gewöhnlich mit dem »spekulativen Charakter« des Industriezweiges, der überragenden Bedeutung des »Fingerspitzengefühls« usw. erklärt, das aber die empfindlichen Konjunkturverluste nicht hindern konnte. Gerade der spekulative Charakter einzelner Industriezweige müßte zu einer erhöhten Planmäßigkeit in der Betriebs- und Wirtschaftsführung drängen, weil hier ganz besonders eine klare Gegenüberstellung der Leistungsverpflichtungen und -Möglichkeiten mit ihren finanziellen und organisatorischen Auswirkungen eine *Voraussetzung wirtschaftlicher Betriebsführung* ist. Es dürfte gerade auf diesen Mangel zurückzuführen sein, daß Unregelmäßigkeiten in den Zulieferungen in der Textilindustrie am meisten zu beobachten sind. Daran hat auch die Konzernierung der Betriebe nicht viel geändert; insbesondere haben mittlere und kleinere Betriebe unter der mangelhaften Berücksichtigung ihrer Bedürfnisse zu leiden. Die Verständigung zwischen Lieferern und Abnehmern läßt hier zu wünschen übrig, was zur Folge hat, daß eine Reihe von Betrieben den Lieferverpflichtungen nicht nachkommen können und dadurch Störungen und Verluste in den weiterverarbeitenden Betrieben verursachen. Im allgemeinen scheint hinsichtlich Erfüllung der Lieferverpflichtungen die Sorgfalt und Gewissenhaftigkeit der Vorkriegszeit noch nicht erreicht zu sein. Es wäre Aufgabe der Kammern und Verbände, diese aus der Inflationszeit herrührende Erscheinung beseitigen zu helfen. Mit Nachdruck muß darauf verwiesen werden, daß Versäumnisse an einer Stelle sich an allen Gliedern auswirken und den Wirtschaftlichkeitsgrad aller nachteilig beeinflussen.

Fertigungsprogramm.

Das *Fertigungsprogramm* ist in seinem Charakter abhängig von Betriebsaufgabe und -zweck, insbesondere von der Fertigungsart. Es ist zu unterscheiden, ob der Betrieb sich auf typisierte Reihen- und Massenfertigung oder auf Einzelfertigung stützt. Jede dieser Fertigungsarten hat im Hinblick auf den vorgezeichneten Betriebszweck und die Struktur des Absatzmarktes ihre Berechtigung, weil der Einfluß der Fertigungsart auf den Wirtschaftlichkeitsgrad des Betriebes nur unter Berücksichtigung *aller* Faktoren, die die Wirtschaftlichkeit gestalten, bestimmbar ist. Es ist deshalb abwegig, das Heilmittel in Reihen- und Massenfertigung auch dann zu suchen, wenn die absatzwirtschaftlichen Vorbedingungen für eine derartige Umschaltung des Betriebes nicht gegeben sind. Deshalb muß dem Fertigungsprogramm stets der *Absatz* zugrundegelegt werden. Der *Umsatz* früherer Wirtschaftsperioden vermag nur Fingerzeige zu bieten, darf aber nicht bestimmend für das Ausmaß des Arbeitsprogramms sein. Wenn hier Fehler begangen werden — noch dazu in Zeiten gesamtwirtschaftlicher Umschichtung oder starker Konjunkturschwankungen —, so vermag keine noch so vollkommene Arbeitsführung und Betriebsorganisation einen Ausgleich zu bieten; ihr wird durch falsche Wirtschaftsführung der Boden entzogen. Von dem Charakter des Absatzmarktes hängt auch die Befristung des Fertigungsprogramms ab. Häufig hindern die in ihrem Ausmaß schwer übersehbaren Typungs- und Normungsbestrebungen die Disposition auf längere Sicht. Typung und Normung können sich nur allmählich durchsetzen, weil die Verständigungen zwischen Produzenten- und Abnehmerkreisen erhebliche Zeit beanspruchen. Je größer der Kreis der Interessenten, um so langsamer das Tempo des Fortschrittes. Beispielsweise ist eine Vereinheitlichung der Gardinen erst nach durchgängiger Normung der Fenster durchzuführen. Die Normung der Betten beeinflußt die Vereinheitlichung der Bettwäsche usw. Bei allen Normungsbestrebungen kommt hinzu, daß während der langen Übergangszeit die Anzahl der Gebrauchsformen vermehrt wird, weil es nicht immer möglich ist, die eingeführten Ausführungsarten durch genormte ohne weiteres zu ersetzen. Diese Momente im Verein mit der Kapitalknappheit der deutschen Betriebe lassen eine langsame, aus den Produktions- und Absatzbedingungen herauswachsende Normung und Typung für geboten erscheinen. Daraus folgt, daß keine übertriebenen Erwartungen an die Normung hinsichtlich der Wirtschaftlichkeit der Betriebe gestellt werden dürfen.

Unter Berücksichtigung dieser Momente muß das Fabrikationsprogramm die durch den Auftragsvorrat gegebene zeitliche Belastung des Betriebes zeigen. Dieser Belastungsgrad muß für jeden *Unterbetrieb* und möglichst für jede *Betriebsstelle* festgestellt werden, damit das Verhältnis zwischen der gegebenen Inanspruchnahme und der Leistungsmöglichkeit des Betriebes, d. h. der *Beschäftigungsgrad*, ermittelt werden kann. Eine Voraussetzung dieser Erkenntnis ist die mengenmäßige Gliederung des Auftragsbestandes nach Produktionsfaktoren. Diese mengenmäßige Ermittlung der erforderlichen Werkstoffe, Arbeits- und Betriebsstunden und die weitergehende Unterteilung in Werkstoff-, Arbeitsstunden- und Betriebsstunden-Arten zeigt die Beanspruchung des Rohstofflagers und der in Betracht kommenden Betriebsstellen. Außerdem ist das Fertigungsprogramm die Grundlage aller preispolitischen und preistaktischen Maßnahmen, die den Beschäftigungsgrad in die kostenmäßig günstigsten Bahnen zu lenken versuchen. Wenn auch die Feinheit der Gliederung des Fabrikationsprogramms je nach dem Betriebszweck eine verschiedene ist, so ist doch jedes Fertigungsprogramm der Anfang planmäßiger Betriebsführung, weil es das Verhältnis der Produktionsmittel und -kräfte zu den Markterfordernissen widerspiegelt und damit die Grundlage einer systematischen Wirtschaftsführung bedeutet.

Beschaffungsdisposition.

Im Zusammenhang mit dem Fertigungsprogramm steht die *Beschaffungsdisposition*. Es ist vielfach zu beobachten, daß die Auffüllung der Lager in der Weise erfolgt, daß der Eindeckung Durchschnittswerte der Vergangenheit, z. B. das arithmetische Mittel der Umsätze aus den letzten 6 oder 12 Monaten usw. zugrundegelegt werden. Diese Durchschnittswerte pflegt man mit den *früheren* Anlieferzeiten zu multiplizieren und das Produkt aus arithmetischem Mittel und Anlieferzeit als Maßstab der neuen Eindeckung anzusehen. Es leuchtet ein, daß eine derartige Eindeckungsart abwegig ist, weil sie Verlustgefahren in sich schließt, die um so schwerer wiegen, je beweglicher der Absatzmarkt und je veränderlicher die Anlieferzeiten sind. Bei absinkender Konjunktur muß diese Methode zu einer *Über*deckung, bei ansteigender Konjunktur zu einer *Unter*deckung führen. Im ersteren Falle sind Zins- und Kapitalverluste, im letzteren Falle Stockungen im Fertigungsprozeß infolge ungenügender Nutzung der Betriebsmittel und Arbeitskräfte die unausbleibliche Folge. Es darf außerdem nicht übersehen werden, daß der durch diese abwegige Beschaffungsdisposition verminderte Produktivitätsgrad nur unter besonderen Aufwendungen wieder verbessert werden kann, weil allzu leicht eine Gleichgültigkeit im Betriebe entsteht, die jeder künftigen planmäßigen Verbesserung des Fertigungs- und Verwaltungsprozesses ablehnend gegenübersteht, die überdies immer geneigt ist, alle Übelstände als unabwendbare Ereignisse zu betrachten und zu legalisieren. Diese Einstellung wirkt sich rechnungsmäßig in »Sicherheitszuschlägen« von 10%, 20%, 30% und mehr auf die durch Arbeits- und Zeitstudien ermittelten genauen Fertigungszeiten aus, die den Wert exakter Ermittlungen diskreditieren.

Die Loslösung von den Vergangenheitswerten, d. i. den *Umsatzziffern*, und die Berücksichtigung der Gegenwarts- und Zukunftswerte, d. i. der *Absatzziffern*, wird durch die Verbindung zwischen Beschaffungsdisposition und *langfristigem* Fertigungsprogramm in befriedigender Weise erreicht. In der stark beweglichen Sonder- und Spezialfertigung kann aber erfahrungsgemäß nur nach einem *kurzfristigen* Fabrikationsprogramm gearbeitet werden. In diesem Falle muß die Eindeckung die bisherige Umsatzbewegung der *einzelnen Werkstoffe und Fabrikate* studieren und aus diesen Daten unter Berücksichtigung der *Häufigkeits*ziffer der Umsätze und Anlieferzeiten neue Beschaffungsdaten zu gewinnen suchen. Als Hilfsmittel hierfür ist eine nach Werkstoffen gegliederte *Kartei* unentbehrlich, die die *Umsätze und Anlieferzeiten und deren Schwankungen* klar erkennen läßt. Die einfachsten Fälle sind diejenigen, bei denen Schwankungen in den Umsätzen und Anlieferzeiten gering bzw. klar übersehbar sind; hier bilden sich ohne weiteres bestimmte Erfahrungswerte heraus, die als *Grunddaten* angesehen und je nach der Entwicklungstendenz der Konjunktur mit einem *Konjunkturfaktor* von 1,1, 1,2 usw. bei anziehender und von 0,9, 0,8 usw. bei absinkender Konjunktur versehen werden können. Schwankt die Umsatzziffer etwa zwischen 30 und 50 Einheiten im Monat bei gleichbleibenden Anlieferzeiten, so wird man im allgemeinen die am häufigsten vorkommende Zahl als Grundwert ansehen und sie mit dem obigen Konjunkturfaktor multiplizieren. Bei *hohem Werkstoffanteil* am Erzeugungswert wird man im Hinblick auf Kapitalersparnisse eine der niedrigsten Umsatzziffern [30] der Neueindeckung zugrunde legen. Ein *hoher Verarbeitungsanteil* dagegen bedingt im Interesse reibungsloser Fertigungswirtschaft [Nutzungs- und Intensitätsgrad!] eine vorsorgliche Werkstoffeindeckung und daher die Zugrundelegung der höchsten Häufigkeitsziffer [50]. Schwieriger gestalten sich indes die Verhältnisse, wenn auch in den *Anlieferzeiten* erhebliche Schwankungen auftreten, weil die Liefererfirmen unregelmäßig liefern oder der eigene Betrieb infolge der starken Belastungsspannungen keine Gewähr für stetige Anlieferung der Halb- und Teilfabrikate zu bieten vermag. Auch hier wird sinngemäß eine Klassifizierung der Werkstoffe nach stärkeren und geringeren Anlieferungsschwankungen erfolgen müssen. Wenn beispielsweise die Anlieferzeiten eines Werkstoffes 2 bis 4 Wochen bei normaler Konjunktur betragen und der Zeitraum von 4 Wochen als der häufigste zu betrachten ist, so wird man diesen zugrunde legen und ihn bei ansteigender Konjunktur noch mit dem Konjunkturfaktor 1,1, 1,2 usw. multiplizieren. Dazu kann ein weiterer Sicherheitsfaktor hinzutreten, wenn der Anteil der Verarbeitungskosten am Erzeugungswert überragend ist [60 bis 70%]. Bei überragendem Werkstoffanteil [60—70%] dagegen kann im Interesse der Kapitalersparnis die niedrigste Anlieferzeit zugrunde gelegt werden, die außerdem bei absinkender Konjunktur durch den Sicherheitsfaktor 0,9, 0,8 usw. korrigiert wird.

Erst aus diesen kritisch beleuchteten Umsatz- und Anlieferzeiten der verschiedenen Werkstoffe und Fabrikate lassen sich — immer unter Berücksichtigung der Konjunkturströmungen — Faktoren gewinnen, aus denen sich eine einwandfreie Ziffer für die ökonomische Beschaffungs- und Lagerwirtschaft ergibt. Die schematische Anwendung von Eindeckungsformeln: arithmetisches Mittel der Umsätze aus den letzten 6, 9, 12 oder 24 Monaten, multipliziert mit der »durchschnittlichen« Anlieferzeit, bietet keine Grundlage ökonomischer Lager- und Betriebsführung, sondern stellt vielmehr eine Verlustquelle mit einschneidenden Folgen für die Wirtschaftlichkeit des Betriebes dar. Die *spekulative* Beschaffung von Werkstoffen muß natürlich aus diesen Betrachtungen ausscheiden, weil hierbei nicht die Planmäßigkeit in der Eindeckung und im Fertigungsprozeß, sondern die Gewinnmöglichkeit infolge Steigens der Marktpreise das entscheidende Moment ist.

In besonders verhängnisvoller Weise macht sich eine fehlerhafte Beschaffungsdisposition in den Verarbeitungsbetrieben bemerkbar, deren Gesamtleistung vorwiegend aus Arbeits- und Betriebsstunden besteht. Hier ist nicht nur der hohe und gleichmäßige *Beschäftigungsgrad*, sondern auch der gleichmäßige und hohe *Nutzungsgrad* und der optimale *Intensitätsgrad* von bestimmendem Einfluß auf den Wirtschaftlichkeitsgrad des Betriebes. Der kontinuierliche Betriebsfluß erfordert Einhaltung eines bestimmten *Betriebsrhythmus*; hierbei ist die glatte, lückenlose Zufuhr der Werkstoffe eine wesentliche Vorbedingung. In diesem Falle ist die vorsorgliche Eindeckung im Interesse reibungsloser Abwicklung des Fertigungsprozesses oberstes Gesetz der Betriebsführung. Die technische Produktivität ist hier ausschlaggebend für den Wirtschaftlichkeitsgrad des Betriebes; es wäre deshalb abwegig, die Bestände zu knapp zu halten, um »Zinsen und Betriebskapital zu ersparen«. Zins- und Kapitalersparnisse können nur bei hohem Kostenanteil des Werkstoffes und spekulativem Charakter des Beschaffungsmarktes einen wesentlichen Einfluß auf den Wirtschaftlichkeitsgrad des Betriebes ausüben. Es ist also auch hier die Kostenrelation der Produktionsfaktoren bei der Abwägung einzelner Maßnahmen bestimmend. Beispielsweise wird ein Verlust von 5% des Werkstoffaufwandes [infolge Entwertung und Zinskosten] in Kauf genommen werden können, wenn infolge reibungsloser Zufuhr der Werkstoffe der Nutzungs- und der Intensitätsgrad erhöht werden und den 5 prozentigen Werkstoffverlust in der kostenmäßigen Auswirkung überragen. Dagegen wird eine durch Überdeckung gegebene Verlustgrenze von 20% des Werkstoffaufwandes nicht ertragen werden können bei geringem Kostenanteil der Verarbeitung [Arbeit plus Anlagekapital], weil hier ein Ausgleich nicht möglich ist. Im Hinblick auf die Bemühungen, eine fließende Fertigung einzuführen, gleichzeitig aber die Werkstoff- und Teilfabrikate-Lager allzu sehr zu beschneiden, muß dieser Gesichtspunkt hier besonders betont werden.

Lagerorganisation und Werkstoffvorgabe.

Im Zusammenhang mit dem Vorstehenden sei kurz die *Lagerorganisation* erörtert. Bei der räumlichen Anordnung der Lager sind zwei Gesichtspunkte zu beachten. Oft befinden sich die Lagerräume am Eingang des Werkes, damit die Zufuhr möglichst ungehindert vor sich gehen kann und der Betrieb nicht durch Fremde gestört wird, ein Gesichtspunkt, der bei starkem Liefererverkehr von Bedeutung ist. Hauptsächlich erfolgt indes die räumliche Anordnung der Lager im Hinblick auf schnelle Belieferung der Werkstätten. In diesem Falle wird das Werkstofflager so eingerichtet, daß möglichst von allen Seiten ein ungehinderter Verkehr stattfinden kann. Ist diese Anordnung aus baulichen Gründen nicht möglich, so wird man der *Dezentralisierung* nach Werkstoffgruppen den Vorzug geben und jedem Unterbetrieb das Werkstofflager zuweisen, dessen er vorwiegend bedarf. Innerhalb der Werkstofflager wird die Trennung nach Werkstoffklassen erfolgen, die im allgemeinen der Arbeitsteilung in der Einkaufsabteilung entsprechen. Als Hauptklassen werden beispielsweise Metalle, Isolierstoffe, Hölzer, Befestigungsmaterialien usw., als Unterklassen deren verschiedene Unterarten, z. B. Flach-, Rund-, Vierkanteisen, blanke und besponnene Drähte usw. gelten und sowohl in der Lagerbuchführung als auch in der Inventuraufnahme wiederkehren.

Die übersichtliche Anordnung der Werkstoffe in Regalen und Fächern läßt meist zu wünschen übrig; man scheut Aufwendungen für derartige »unproduktive« Zwecke. Indes werden durch die übersichtliche Anordnung und Bezeichnung der Regale, Fächer, Kästen usw. mit laufenden Nummern erhebliche Wartezeiten gespart, ganz abgesehen von der erzieherischen Wirkung jeder straffen Ordnung auf den Gesamtbetrieb. In moderneren Industriebetrieben ist diesem Gesichtspunkt weitgehende Rechnung getragen; man bemerkt hier an den Lagerregalen Wegweiser und Fachkarten, die auch dem ungelernten Arbeiter die Ausgabe im Lager ermöglichen. Fachkarten werden zweckmäßigerweise als Hilfsmittel für die tägliche Bewegung der Lagerbestände benutzt und periodisch — vor allem bei jeder Neueindeckung — mit der Lagerbuchhaltung abgestimmt.

Für den Verkehr mit den Fertigungsstätten kommt das *Hol-* oder das *Bring-System* in Frage. Das *Hol-System* ist dann als wirtschaftlich zu betrachten, wenn der Betrieb auf wechselnde Einzel- und Sonderfertigung eingestellt und eine genaue Vorherbestimmung der Anlieferzeiten nicht angängig ist. Das *Bring-System*, zumeist mit Rücksicht auf die bessere Überwachung und Vermeidung von Verlustzeiten bevorzugt, kommt bei der regelmäßigen Reihen- und Massenfertigung mehr zur Geltung. Hier wird angestrebt, sämtliche Werkstoffe werkstattreif, d. h. in maßgerechtem Zustande in den Fabrikationsprozeß einzuführen. Dadurch sollen die Fertigungsstätten von Vorarbeiten entlastet werden und gleichzeitig eine schärfere Erfassung stattfinden. Die genaue Feststellung des Bedarfes setzt umfassende Untersuchungen voraus, die einen Teil der Arbeitsvorbereitung bilden und sich auf Art, Gestalt, physikalische Eigenschaften, Verarbeitungsmöglichkeiten usw. erstrecken und bis in die Konstruktion und Verarbeitung hineinragen. Während bei der *Metall*verarbeitung der Abfall durch Verschnitt und Verspanung im voraus leichter übersehbar ist, stellen *organische* Werkstoffe, wie Holz, Leder usw., weitergehende Anforderungen hinsichtlich des Zuschnittes, die sich nach den besonderen Eigentümlichkeiten des einzelnen Stückes richten. Ebenso wie beim Abfall von Metallen die Möglichkeit produktiver Verwendung gegenüber der Verschrottung beträchtliche Werte zu erhalten vermag, kommt es auch hier darauf an, den Zuschnitt so einzurichten, daß die entstehenden Abfälle einer möglichst hochwertigen Verwendung zugeführt werden können. Man wird den Verwertungsgrad der Abfälle überhaupt als einen Gradmesser der industriellen Betriebs- und Wirtschaftsführung ansehen dürfen.

Genaue Anweisungen auf die *bezugsberechtigten Werkstoffmengen* auszustellen ist eine der wichtigsten Funktionen der Arbeitsvorbereitung. Abweichungen zwischen dem Soll- und Ist-Verbrauch müssen unter *Aufdeckung der Ursachen* festgestellt und verfolgt werden. Bei jedem durch Materialausschuß, Konstruktions- oder Fabrikationsfehler entstehenden Mehraufwand müssen besondere *Zusatzscheine* verwendet werden, die die Arbeitsvorbereitung nach Untersuchung der Ursachen ausstellt. Auf diese Weise läßt sich eine *automatische Kontrolle* durchführen, die zwangsläufig eine Gegenüberstellung der vorberechneten (Soll-) und der verbrauchten (Ist-) Mengen ermöglicht. In dem Maße, wie derartige Abweichungen geringer werden, wird eine sichere Vorausberechnung des Werkstoffbedarfes und eine Verfeinerung der Betriebsorganisation erreicht, die sich allmählich in einem steigenden Wirtschaftlichkeitsgrad des Betriebes auswirkt. Deshalb wird auch zweckmäßigerweise die Zuschneiderei nicht der Werkstätten-, sondern der Material-Verwaltung angegliedert; in der Metallindustrie ist diese Anordnung weitgehend durchgeführt. Soweit die Werkstoffe in der Stückliste *einzeln* festgelegt werden können, wird möglichst diese selbst, andernfalls ein Material-Bezugsschein seitens der Arbeitsvorbereitung ausgefertigt und den bezugsberechtigten Betriebsstellen als Anweisung für den Werkstoffbezug übermittelt. Der Arbeitsschein kann ausnahmsweise als Bezugsunterlage für die nicht in der Stückliste im einzelnen festlegbaren Kleinmaterialien, wie Schrauben, Nieten, Befestigungsmaterialien usw. dienen. Für die Betriebs- und Büro-Materialien empfiehlt sich die Schaffung besonderer Unterlagen in Form von Standard-Bezugskarten für jede Werkstatts- und Verwaltungs-Abteilung, die gleichzeitig eine Kontingentierung darstellt. Diese Kontingentierung bzw. Budgetierung wird auf die wichtigsten Materialien, wie Putz-,

Schmier- und Reinigungs-Materialien ausgedehnt, auf die Betriebsstunde berechnet und ermöglicht Sparmaßnahmen zur Einschränkung des Verbrauchs.

Der Qualitätsbegriff.

Im Hinblick auf die in der Gegenwart hervortretenden Bestrebungen zur Verbesserung der Qualität der Erzeugnisse sei an dieser Stelle kurz auf die *Qualitätsfrage* eingegangen. Die Qualität darf *nicht* als Gütegrad angesehen werden, sondern soll lediglich die Eignung des Werkstoffes für einen bestimmten Verwendungszweck bei einer bestimmten Verarbeitungsweise festlegen. Die *Wahl* des Werkstoffes setzt somit genaue Kenntnis seiner Herstellung voraus, aus der sich seine Eigenschaften ableiten. Beispielsweise kann für ein federndes Maschinenteil in einem Falle Eschenholz, im anderen Falle Stahl, vielleicht auch Nickel erforderlich sein, ohne daß hieraus eine Qualitätswertung des Fertigerzeugnisses abgeleitet werden dürfte. Die Mannigfaltigkeit der heute zur Verfügung stehenden Werkstoffe erschwert die Wahl um so mehr, als jede Art besondere Bedingungen an die Fertigung stellt und deshalb nur unter Berücksichtigung der gegebenen Betriebsmittel und Arbeitskräfte bestimmt werden kann. Dieser Umstand stellt an die technologischen Kenntnisse der Betriebsbeamten weitergehende Anforderungen als früher. Es ist gegenwärtig außerdem im Auge zu behalten, daß die *deutsche* Wirtschaft die an das Erzeugnis zu stellenden qualitativen Anforderungen vorwiegend vermittelst *durchgeistigter Fertigung*, d. h. *planmäßiger, ökonomischer Nutzung gegebener Einrichtungen und Kräfte und nur in geringerem Maße durch höhere Aufwendungen für kostspieligere Werkstoffe und Konstruktionen erfüllen muß!* Daß dieses Ziel in der Reihen- und Massenfertigung leichter erreichbar ist, hängt mit der erhöhten Beobachtungsmöglichkeit in der Massenfertigung zusammen, die auch auf eine stärkere Vervollkommnung der Fertigungstechnik und eine schärfere Eignungsprüfung der Werkstoffe hinwirkt [1]).

[1]) Vgl. *Mäckbach*: »Der Einfluß der Werkstoff-Qualität auf die Güte und Wettbewerbfähigkeit von Maschinenbau-Erzeugnissen«, in Maschinenbau, Heft 20, 1927., V. D. I.-Verlag, Berlin.

IV. Die Arbeit im Produktionsprozeß [1]).

a) Grundsätzliches.

Kostenvariationen in den Betrieben.

Je nach dem Charakter und dem Umfang der Verarbeitung schwankt der Kostenanteil der Arbeit in den industriellen Betrieben in erheblichem Maße. Die häufigsten Kostenrelationen liegen zwischen 10% und 30%. Aus diesen verschiedenartigen Kostenanteilen, die innerhalb der Industriezweige und auch innerhalb der Betriebe noch erheblichen Schwankungen unterliegen, folgt die verschiedenartige Bedeutung der menschlichen Arbeit im Rahmen der Betriebsführung. So ist Richtung und Auswirkung aller *arbeitsorganisatorischen Maßnahmen* durch den Kostenanteil der Arbeit am Erzeugungsprozeß bestimmt, da diese Bestrebungen in erster Linie auf die Erhöhung der Arbeitsintensität gerichtet sind. Es lag deshalb nahe, daß die *Metallindustrie* bei einem durchschnittlichen Arbeitskosten-Anteil von 25—30% von je her allen auf die Verbesserung der Arbeitsleistung hinzielenden Maßnahmen und Einrichtungen eine stärkere Aufmerksamkeit widmete als die Textil-Industrie mit einem durchschnittlichen Arbeitskosten-Anteil von 10 bis 25% vom Erzeugungswert. Wirken sich doch auch Lohnerhöhungen in den Selbstkosten der Metallindustrie in stärkerem Maße aus als in denen der Textil-Industrie. Deshalb fällt die geringe Entwicklung der Arbeitsorganisation in einem Wirtschaftszweig mit hohem Arbeitskosten-Anteil besonders auf. Dieser Fall liegt vor allem im *graphischen Gewerbe* mit einem Arbeitskosten-Anteil von 30 bis 40%, insbesondere im Buch- und Kunstdruck, vor. Die Ursache dieser auffallenden Vernachlässigung dürfte in zwei Richtungen zu suchen sein. Einmal stützen sich die Betriebe allzu sehr auf herkömmliche Arbeitsverfahren, wobei sie den handwerksmäßigen Charakter ihrer Arbeit stark in den Vordergrund stellen. Andererseits nehmen die Arbeitskräfte hier eine Sonderstellung ein, die auch in ihrer gewerkschaftlichen Organisation verankert ist. Dieser Gewerbezweig ist ein typisches Beispiel des Auseinanderstrebens von Unternehmer- und Arbeiterschaft. Die Folge davon ist aber ein Absinken der Wirtschaftlichkeit. Letzten Endes haben immer beide Seiten, vor allem die Arbeitnehmer, die Folgen einseitig erzwungener Vergünstigungen zu tragen. Gewerkschaftlich erkämpfte Vorteile

[1]) Dem Charakter dieser Schrift entsprechend kann auch hier nur eine grundsätzliche Beleuchtung des Produktionsfaktors »Arbeit« unter betriebswirtschaftlichen Gesichtspunkten erfolgen.

vermögen ebenso wie behördliche Eingriffe nur insoweit praktische Auswirkung zu erlangen, als die Wirtschaft und ihre Zellen ertragsfähig sind. Das Einkommen der Gesamtbevölkerung entspricht den Gesamtkosten, die in den Betrieben zur Hervorbringung bestimmter Leistungen aufgewandt werden. Wenn ein höheres als durch den Leistungswert gegebenes Arbeitseinkommen infolge Zwangsmaßnahmen errungen wird, so geschieht es auf Kosten anderer Einkommensträger, deren Arbeitsfreudigkeit und Leistungsgrad dadurch sinkt und letzten Endes den Einkommensstand der ehedem Bevorzugten ebenfalls herunterdrückt. Es ist befremdlich, daß diese Grundwahrheiten viel zu wenig Anerkennung und Beachtung in der Praxis finden und daß immer wieder Lohnforderungen erhoben werden, ohne Berücksichtigung der gesamt- und betriebswirtschaftlichen Lage. Die Ursachen dieser kurzsichtigen Einstellung liegen offenbar in dem mangelhaft ausgebildeten Bewußtsein der Zusammengehörigkeit aller Wirtschaftsglieder und ihrer schicksalsmäßigen Verbindung auf Gedeih und Verderb. Demzufolge fällt auch das geringe Interesse vieler deutschen Industriearbeiter an der Ergiebigkeit ihrer Betriebe auf, eine Erscheinung, die im Gegensatz zu den in Amerika gemachten Beobachtungen steht, wo ein stark ausgeprägtes Interesse für alle auf Steigerung der Wirtschaftlichkeit hinzielenden Maßnahmen zu beobachten ist [1]).

Leistungsgrad.

Mit diesem mangelhaften Verständnis für wirtschaftliche Zusammenhänge hängt offenbar auch der unbefriedigende Leistungsgrad in so manchen deutschen Betrieben zusammen. Hierbei wirken noch eine Reihe psychologischer Momente als Nachwehen der Kriegs- und Nachkriegszeit mit. Der harte Existenzkampf, die Sorge um die Zukunft, die Verbitterung über die durch Krieg und Inflation erlittenen Verluste, der nivellierende Einfluß gleichmacherischer Lohn- und Tarifpolitik haben insgesamt das *Persönlichkeits- und Verantwortungsbewußtsein* vieler Werksangehöriger geschwächt. Dazu kam die Auflösung der ehemaligen, dem deutschen Charakter zusagenden Bindung zwischen Werksherrn und Werksangehörigen und damit zwischen Werk und Mann. An die Stelle dieser persönlichen Beziehungen traten mehr und mehr *betriebsfremde* Instanzen, die durch Zerstörung ideeller Werte

---

[1]). In diesem Zusammenhang sei auf die Denkschrift des amerikanischen Vizepräsidenten des Internationalen Arbeitsamtes *Butler* hingewiesen, die bemerkenswerte Feststellungen über das Verhältnis der amerikanischen Arbeiterschaft zu ihren Betrieben enthält.

einen zersetzenden, das Zusammenwirken von Unternehmer- und Arbeiterschaft schädigenden Einfluß ausgeübt haben. Unter dem Einfluß *betriebsfremder* Kräfte ist das Bewußtsein persönlicher Verbundenheit mit dem Betriebe nahezu verloren gegangen. Es fehlt vielfach an der Erkenntnis, daß jede Minderleistung, jede Verlustzeit, jede unsachgemäße Behandlung der Betriebsmittel zu einem Absinken der Wirtschaftlichkeit des Betriebes führt. Besonders in der Arbeiterschaft großindustrieller Betriebe fehlt noch sehr die Einsicht, daß jede ungenügende Einzelleistung die Gesamtleistung des Betriebes schwächt, daß ein verringerter Nutzungsgrad der Betriebsmittel die Herstellungskosten auf eine Höhe schraubt, die den Absatz der Erzeugnisse erschweren, zu Betriebseinschränkungen und -Stillegungen führen muß.

Es ist eine irrtümliche Annahme, daß dauernde und echte Lohnerhöhungen durch ein Dekret der Organisationen oder Behörden erzwungen werden können. Solange in der Wirtschaft Entwicklungsstufen gegeben sind — und das dürfte noch sehr lange der Fall sein —, werden die Betriebe derartigen Lohnforderungen gegenüber Ausgleichsmaßnahmen zu treffen suchen, die auf eine Beschleunigung in der Mechanisierung, eine Umdisposition vom Betriebs- auf das Anlagekapital u. dgl. m. hinauslaufen. Die damit gegebene Umwandlung der Betriebsstruktur ist überdies nicht in das Belieben des einzelnen Industriezweiges und des einzelnen Betriebes gestellt, sondern wird erzwungen durch die Entwicklung fremder Industriezweige und ihrer Unternehmungen. Diese Erscheinung beginnt sich infolge der gesamtwirtschaftlichen Verflechtung in immer stärkerem Maße auszuwirken. Infolgedessen ist auch der deutschen Industrie ein Entwicklungstempo vorgeschrieben, von dessen Einhaltung die künftige Stellung der deutschen Gesamtwirtschaft abhängt. Natürlich kann es sich bei dieser Umstellung nicht um eine Übernahme fremdländischer Einrichtungen und Methoden, sondern hauptsächlich um die Auseinandersetzung mit fremden Errungenschaften und ihren Folgen handeln. Die Wege in jeder Volkswirtschaft sind auch wieder durch die Verschiedenheit der gesamtwirtschaftlichen Produktionsfaktoren gegeben, z. B. in der Art und Leistung der Energiequellen, der Menschen, der Höhe des Kapitals usw. Dabei ist für die Wirtschaftskraft eines Landes nicht das bloße Vorhandensein der Produktionsfaktoren entscheidend, sondern ihre *Nutzung*. Es ist demzufolge nicht die Größe der Bevölkerung oder des Grund und Bodens oder der Energiequellen entscheidend für die Wirtschaftskraft eines Landes, sondern die Produktivität. Das gilt auch hinsichtlich der menschlichen Arbeitskräfte; auch hier kommt es in

erster Linie auf den *Leistungsgrad*, nicht auf das Vorhandensein der Arbeitskräfte an.
Die Veranlagung der deutschen Arbeitskräfte zielt auf »*Qualitätsarbeit*« hin, wobei wir unter Qualitätsarbeit — entsprechend unseren obigen Ausführungen — ein bestimmtes Optimum des Erzeugnisses verstehen müssen. Die Durchführung dieses Grundsatzes würde nicht nur der Eigenart der deutschen Arbeitskräfte, sondern auch der Stellung der deutschen Gesamtwirtschaft in der Weltwirtschaft gerecht. Infolgedessen wird die »Qualitätsarbeit« auf dem Wege einer verfeinerten Arbeitsteilung und Mechanisierung durchgeführt werden müssen, womit notwendigerweise eine straffere Arbeitsführung und Arbeitsorganisation verbunden sein muß. Dadurch wird die Mitwirkung des Einzelnen auf bestimmte, eng umrissene Arbeitsfunktionen beschränkt. Diese Entwicklung ist vielfach als der Tod der Arbeitsfreudigkeit betrachtet worden. Das braucht indes nicht der Fall zu sein, wie die Beobachtungen in deutschen und fremdländischen Betrieben lehren. Indes muß im Hinblick auf die noch fortschreitende Arbeitsteilung und Mechanisierung nach Mitteln und Wegen gesucht werden, um das Arbeitsinteresse und damit den Leistungsgrad der Arbeit zu steigern. Dazu wird vor allem der verlorene Kontakt der Werksangehörigen mit dem Betriebsleben wieder hergestellt werden müssen. Es darf keineswegs als ein gottgewolltes Gebot hingenommen werden, daß der Arbeiter seine »Seele in der Garderobe des Betriebes ablege«, wie unlängst *Sombart* gesagt hat. Im Gegenteil wird auf dem Wege fachlich-sachlicher Belehrung durch Betriebsfachschulen, Werkszeitungen, Vorträge und vor allem durch persönliche Fühlungnahme die geistige und seelische Verbindung zwischen Werksangehörigen und Werk wieder hergestellt werden müssen, was allerdings eine Auslese in der Leitung zur Voraussetzung hat. Auf diesem Wege sind in einzelnen größeren Betrieben schon beachtliche Erfolge erzielt worden, die zu weiteren Hoffnungen berechtigen.

Handwerker und Facharbeiter.

Die durch die weltwirtschaftliche Verflechtung der deutschen Wirtschaft und den deutschen Betrieben aufgezwungene Umschichtung schlägt sich auch in anders gearteten Anforderungen an die Werksangehörigen hinsichtlich ihrer Betätigung nieder. Früher war der Handwerker, beispielsweise in der Metallindustrie der Schlosser, der meist begehrte Werkstattsmann, der alle Arbeitsfunktionen beherrschte; das befähigte ihn sogar zur aktiven Mitwirkung bei konstruktiv-schöpferischen Aufgaben, der *Gestaltung*, die im Mittelpunkte der früheren industriellen Betriebsführung stand. Das Schwergewicht der industriellen Betriebsführung mußte sich indes notwendigerweise von der Gestaltung nach der Herstellungstechnik und Betriebsorganisation verschieben. Eine Begleiterscheinung der dadurch bewirkten betrieblichen Strukturveränderung ist auch der Ersatz des Handwerkers durch den industriellen *Facharbeiter*, der nicht mehr die frühere vielseitige Berufsschulung besitzt, der aber auf einem enger abgegrenzten Arbeitsgebiet vielseitiger verwendbar ist. Dieser neuzeitliche Facharbeiter muß in der Lage sein, an verschiedenen Stellen des Betriebes hochwertige Werksarbeit zu leisten, um ohne langwierige Vorbereitung auch anders gerichteten Anforderungen zu genügen. So wenig also auf der einen Seite im Gefolge der gesamt- und betriebswirtschaftlichen Umstellung die Arbeitsteilung und Mechanisierung aufzuhalten ist, so sehr werden auf der anderen Seite hochwertige Arbeitskräfte für die Überwachung und Regulierung, für die Vorbereitung, Anpassung und Verbesserung der Arbeitsverrichtungen benötigt. Daß diese Arbeitskräfte einer anderen Schulung als Handwerker bedürfen, liegt auf der Hand. Daß sie außerdem im Interesse gedeihlicher Entwicklung der Betriebe innerlich mehr mit der Arbeit verwachsen müssen, daß ihnen der ihrer Leistungsfähigkeit entsprechende Einfluß auf die Gestaltung des Fertigungsprozesses eingeräumt werden muß, bedarf keiner Beweisführung. Hier wird vielfach in der industriellen Arbeitsführung der Hebel anzusetzen sein, vor allem bei hohem Kostenanteil der Arbeit an der Betriebsleistung. Diese Erkenntnis ist indes in der Industrie im Wachsen begriffen. Das wird bestätigt durch Bekenntnisse bekannter Industrie- und Wirtschaftsführer. *Vögler* hat schon vor Jahren gesagt, daß wir an dem wichtigsten Faktor des Produktionsprozesses, dem Menschen, vorbeigegangen seien, daß große Teile unserer Arbeiter- und Angestelltenschaft dem Betriebe fremd, ja feindselig gegenüber stünden. Es darf aber auch hierbei nicht übersehen werden, daß nicht die menschliche Arbeitskraft schlechthin den wichtigsten Produktionsfaktor darstellt, sondern daß erst die *Nutzung* der produktiven Bevölkerungsschichten einer Gesamtbevölkerung entscheidend für die Wirtschaftskraft eines Landes ist.

Klassifizierung der Arbeit.

In diesem Zusammenhang muß auf die vielfach übliche und schematische Einteilung in »geistige« und »Handarbeit« eingegangen werden, wobei unter »Handarbeit« die Fertigungsarbeit, unter »geistiger Arbeit« die Bürotätigkeit verstanden wird. Diese Einteilung und die damit verbundene Wertung widerspricht dem Wesen und der Entwicklung der Arbeit in den letzten Jahren und muß deshalb heute als falsch abgelehnt werden. Jeder Betriebskenner weiß, daß ein großer Teil der Werkstattsarbeiten auch geistige Anforderungen an die Ausübenden stellt, wie das in hohem Maße etwa bei dem Werkzeugmacher, dem Modelltischler, dem Wickler, dem Einrichter usw. der Fall ist. Diese hochwertigen Facharbeiter leisten meist wichtigere Arbeiten als etwa der untere Verwaltungsbeamte im Lohnbüro, im Versandbüro usw. Einzelne Berufsgruppen, wie der Vorarbeiter, der Kolonnen- und Gruppenführer, der Obermonteur usw., üben vielfach Unternehmerfunktionen im kleinen aus. Aber auch bei den »angelernten« Arbeitern wird ein hoher Verantwortungssinn vorausgesetzt, von dessen Güte der Nutzungsgrad der Betriebsmittel, ihre Lebensdauer und die Ergiebigkeit des Produktionsprozesses in erheblichem Maße abhängen. Die kleine Schar der ungelernten Arbeiter spielt gegenüber der Zahl der gelernten und angelernten Facharbeiter nur eine geringe Rolle. Wenn man neben dem Einfluß des Facharbeiters an dem Produktionsprozeß noch die mehrjährige berufliche Ausbildung und Schulung berücksichtigt, so ist nicht gut einzusehen, weshalb ein Wertunterschied zwischen der geistigen Arbeit in der Werkstatt und in der Verwaltung konstruiert wird. Es müßte in stärkerem Maße als bisher eine Gliederung und Wertung der Werkstattarbeiter nach der Art ihrer Funktion und dem Maß ihrer Verantwortlichkeit erwogen werden, wobei sich automatisch die Bildung einer Oberschicht unter den Werkstattleuten ergeben würde. Diese Oberschicht sollte auch äußerlich unterschieden werden von denjenigen Werkstattsarbeitern, die rein mechanische Arbeitsfunktionen verrichten. Hier ist nicht nur die Höhe, sondern auch die Art der Entlohnung von Bedeutung. Wenn auch stets der *Leistungsgrundsatz* durchgeführt werden muß, so ließe sich doch in Verbindung mit einem Wochen-Grundlohn, einer längeren Kündigungsfrist, Weiterzahlung in Krankheitsfällen und längeren Urlauben u. dergl. die äußere Gleichstellung mit den entsprechenden Gruppen der Verwaltungsarbeiter ermöglichen. Es darf angenommen werden, daß derartige Maßnahmen bei vernünftiger Anwendung den unnatürlichen Klassenunterschied zwischen den Werksangehörigen mildern und das Bewußtsein der Werksverbundenheit steigern.

Gewinnbeteiligung.

Dagegen wird eine Beteiligung am Betriebsgewinn, die in den letzten Jahren stark erörtert worden ist, kaum dem angestrebten Ziel einer

Erhöhung der Arbeitsfreudigkeit und der engeren Werksverbundenheit dienen. Die finanzielle Beteiligung der Angestellten- und Arbeiterschaft am Unternehmen auf dem Wege der Ausgabe von Arbeitnehmeraktien setzt eine Unternehmer-Denkweise, demzufolge eine andere Einstellung der Werksangehörigen voraus, stempelt sie zu Unternehmern mit deren besonderen Rechten und Pflichten, bedingt Fähigkeiten und Kräfte, die das Eigentümliche der Unternehmer-Persönlichkeit darstellen. Die bisherigen Beobachtungen und Erfahrungen beweisen, daß die innere Einstellung eines großen Teiles der unteren Angestellten- und Arbeiterschaft noch weit entfernt ist vom Unternehmerdenken. Wenn daher gegenwärtig die sachlichen und persönlichen Voraussetzungen einer finanziellen Beteiligung der Werksangehörigen am Unternehmungsertrag fehlen, so darf man sich auch von derartigen Maßnahmen kaum nennenswerte Erfolge versprechen. Alle in dieser Richtung bisher unternommenen Versuche in Deutschland und in anderen Ländern, vor allem in Amerika, lehren eindringlich, daß auf diesem Wege eine engere Verbundenheit zwischen Werksangehörigen und Unternehmen nur in geringem Ausmaß zu erreichen ist [1]).

Einförmigkeit der Arbeit.

Als eine Folgeerscheinung der neuzeitlichen Arbeitsorganisation wird vielfach, namentlich von seiten bestimmter »Sozialpolitiker«, die *Einförmigkeit der Arbeit* bezeichnet, die die Arbeitslust mindere und die Leistungsfähigkeit schwäche, wobei warnend auf die amerikanischen Verhältnisse hingewiesen wird. In amerikanischen Großbetrieben ist als Folge der weitgehenden Rationalisierung eine äußerlich starke Arbeitsteilung eingetreten, die vielfach dem einzelnen Arbeiter nur noch elementare Arbeitsverrichtungen, etwa einen Griff mit der Hand oder einen Druck mit dem Fuß auszuführen gestattet, also Arbeitsverrichtungen, die unter Umständen nur den Bruchteil einer Sekunde ausfüllen und in immer wiederkehrender Einförmigkeit den Menschen zu einem Automaten umwandeln können. Derartige Fälle werden in europäischen Betrieben bisher kaum nachgewiesen werden können und voraussichtlich auch kaum eintreten. Selbst in reinen »Fließarbeitsbetrieben« sind nur ausnahmsweise Arbeitsgänge festzustellen, deren zeitliche Dauer unter einer Minute liegt. In der Regel bean-

[1]) Vgl.: Bericht des internationalen Arbeitsamtes, erstattet von dem stellvertretenden Direktor *H. Butler*. *Butler* hat mit einer Studienkommission die amerikanischen Verhältnisse eingehend untersucht und insbesondere der Beteiligung der Arbeiterschaft am Betriebsgewinn besondere Aufmerksamkeit gewidmet.

spruchen auch die dortigen Arbeitsverrichtungen mehrere Minuten, wie das in anschaulicher Weise gelegentlich der *Kölner Fließarbeitsschau* von einer unserer bedeutendsten deutschen Motorenfabriken beim Zusammenbau eines Petroleum-Motors gezeigt wurde; hier betrug die Operationszeit für jeden einzelnen Arbeitsgang, d. h. die Dauer der einer einzelnen Arbeitsstelle zugeteilten Verrichtungen, 60 Minuten[1]. Es darf auch bei der Charakterisierung der Arbeit als »eintönig« nicht außer acht gelassen werden, daß es sich hier vielfach um Eindrücke handelt, die sich nur dem Betrachter aufdrängen, während sie auf den ausführenden Arbeiter eine ganz andere Wirkung haben. Das wird beispielsweise klar bei Arbeiten an der Nähmaschine, die vielfach als der Inbegriff aller Eintönigkeit bezeichnet werden, die aber eine große Fertigkeit bei erheblicher Aufmerksamkeit erfordern, zweifellos zu den anstrengendsten Beschäftigungsarten zu rechnen sind, aber nichts weniger als eintönig wirken.

Allgemein wird überhaupt die Maschinenarbeit unrichtig beurteilt, wobei verkannt wird, daß sie in hohem Maße das *Gleichmaß der Leistung, die Geschicklichkeit und den Sinn für Präzision und Sauberkeit steigert,* wobei natürlich zu beachten ist, daß die Bedienung von Maschinen eine bestimmte Veranlagung des Arbeitenden voraussetzt. Wenn aber sogar behauptet worden ist, daß die Maschinenarbeit zu einer geistigen Verkrüppelung des Bedienenden führen müsse, so wird dies widerlegt durch die aufsteigende geistige Entwicklung der Industrie-Arbeiterschaft sowohl in Europa, als auch in Amerika. Im übrigen ist es ein seltsamer Widerspruch und wohl nur aus einer Betriebsfremdheit heraus zu erklären, daß auf der einen Seite kürzere Arbeitszeiten und erleichterte Arbeitsbedingungen bei besserer Lebenshaltung verlangt und auf der anderen Seite die gegebenen technischen und organisatorischen Mittel und Wege zu diesem Ziel als schädlich bekämpft werden.

Daß die stärkere Arbeitsteilung in Verbindung mit der fortschreitenden Mechanisierung nicht ursächlich mit der Verminderung der Arbeitslust zusammenhängt, lehren verschiedene Beobachtungen und Erfahrungen in der industriellen Praxis. Beispielsweise ist in manchen mittleren Industriebetrieben die Arbeitsteilung und Arbeitsorganisation nicht in dem Maß wie etwa in rheinisch-westfälischen Großbetrieben entwickelt. Trotzdem ist in jenen Betrieben häufig ein *stärkeres Unlustgefühl* als in diesen

[1] Vgl. *Mäckbach-Hellwig*: »Betriebswirtschaftliche Vorbedingungen und Erfahrungen bei Einführung von Fließarbeit in deutschen Betrieben«, Sonderdruck der Z. f. B., Jahrgang 1927, Heft 4/5. (April—Mai 1927.)

nachweisbar. Abgesehen von der Veranlagung der verfügbaren Menschen dürfte die Art der Betriebsführung von Einfluß auf Arbeitslust und Arbeitsfreudigkeit sein. In so manchen mittleren Betrieben wird nach überkommenen Methoden gearbeitet und die Planmäßigkeit, das Haupterfordernis wirtschaftlicher Betriebsführung, durch die Einstellung auf Augenblicksbedürfnisse ersetzt. Das mit dieser Betriebsführung verbundene ständige Umdisponieren, die dadurch in den Betriebsprozeß hineingetragene Unsicherheit und den Betriebskräften zum Bewußtsein kommende Ziellosigkeit sind sicherlich weit mehr geeignet, die Arbeitslust und Betriebsdisziplin zu untergraben. Der empirischen Betriebsführung fehlen Neigung und Zeit, tiefer hineinzuhorchen in den Betrieb und den Betriebsorganismus zu vervollkommnen. Damit hängt die notwendige Fühlungnahme mit der Angestellten- und Arbeiterschaft zusammen; sie ist in mittleren und kleineren Betrieben durchaus nicht besser als in modernen Großbetrieben. Man darf sich deshalb bei der Beurteilung dieser Frage niemals von Umfang und Form der Betriebe beeinflussen lassen. Es ist kein Zufall, daß bei der mangelhaften Disposition und Organisation in manchen Unternehmungen Mißerfolge bei der Umstellung entstanden sind. Statt geistiger Durchdringung der Betriebe hat man auf dem Wege der vereinzelten Mechanisierung Erfolge zu erzielen gehofft und dabei die Verbesserung der gegebenen Betriebsmittel und die Förderung der Menschenkräfte vernachlässigt. Hier liegen die tieferen Ursachen der gesunkenen Arbeitslust und Arbeitsleistung, die keineswegs mit der fortschreitenden Arbeitsteilung, der Mechanisierung oder der Größe des Betriebes ursächlich zusammenhängen. Wenn immer wieder die Arbeitsführung und Arbeitsorganisation und die durch die gesamtwirtschaftliche Umschichtung erzwungene Mechanisierung verantwortlich gemacht werden für die Steigerung der Arbeitsunlust, so muß mit allem Nachdruck darauf hingewiesen werden, daß es nicht in der Macht und auch durchaus nicht im Interesse eines Industriezweiges oder einer Gesamtwirtschaft liegt, eine Mechanisierung, eine fortschreitende Arbeitsteilung, eine straffere Arbeitsführung und Arbeitsorganisation aufzuhalten, etwa aus Anwandlungen einer unechten Sentimentalität heraus. Die Führung muß ihren Betrieb in die Gesamtbewegung eingliedern, oder sie wird abtreten müssen, damit der Verfall der Unternehmung und die Zerstörung der Werte vermieden wird.

Wohlfahrts-Einrichtungen.

In diesem Zusammenhang sei kurz auf den Wert der *Wohlfahrtseinrichtungen* eingegangen. Gegenüber den von manchen »Sozialpolitikern«

aufgestellten Forderungen nach Ausbau der Wohlfahrtseinrichtungen um jeden Preis muß vor einer Überschätzung dieser Einrichtungen doch gewarnt werden. Einwandfreie Räume, zweckmäßige Beleuchtungs- und Lüftungsanlagen u. dgl. m. sind natürlich keine Fragen der Wohlfahrt, sondern Vorbedingungen einer normalen Arbeitsleistung. Es muß gesagt werden, daß auf diesem Gebiet noch mancherlei Verbesserungsmöglichkeiten liegen, die die gleiche Aufmerksamkeit verdienen wie etwa die Modernisierung der Betriebsmittel und der Arbeitsorganisation. Mit relativ geringem Kostenaufwand lassen sich Übelstände, wie ungenügende Lüftung und Beleuchtung, fehlende Sitzgelegenheit, mangelhafte Waschgelegenheit usw. beseitigen. Es darf nicht wundernehmen, daß unter ungünstigen hygienischen Arbeitsverhältnissen auch Arbeitslust und Arbeitsleistung sinken. Deshalb müssen auch alle auf die Verbesserung der Arbeitshygiene gerichteten Einrichtungen und Maßnahmen als *produktiv*, nicht etwa als »unproduktive Ausgaben« angesehen werden. Auch Konsum- und Speise-Anstalten gehören hierher. Gerade die Bedeutung der letzteren wird indes stark überschätzt und viel zu sehr propagandistisch verwertet. Es wird dabei gänzlich verkannt, daß fachlich geschulte, vollwertige Arbeiter und Angestellte weit mehr Wert auf eine ihrer Leistungsfähigkeit entsprechende Bezahlung und auf eine die Kräfte belebende Aufstiegmöglichkeit legen als auf Vorteile aus einem günstigeren Einkauf in den Konsumanstalten der Werke. Das Persönlichkeitsbewußtsein in Angestellten- und Arbeiterschaft darf nicht noch durch Bevormundungen auf dem Wege aufgezwungener Wohlfahrtseinrichtungen geschwächt werden.

Leistungsentlöhnung und Unternehmerarbeit.

Es ist deshalb um so bedenklicher, daß sich der *Leistungsentlöhnung* und damit dem Recht der freien Persönlichkeit *tarifliche Vereinbarungen* entgegenstellen, die über den Charakter von Schutzmaßnahmen weit hinausragen, die im Hinblick auf die gesamtwirtschaftliche Struktur von irrigen Voraussetzungen ausgehen und die Entwicklung der Wirtschaft hemmen. Es ist natürlich eine Verkennung der Gesetzmäßigkeiten in der Wirtschaft, wenn der Lohn für die menschliche Arbeitsleistung durch behördliche Maßnahmen festgesetzt wird, die das Kräfteverhältnis von Angebot und Nachfrage auf dem Arbeitsmarkt glauben dauernd und ungestraft außer Wirkung setzen zu können. Derartige Zwangsmaßnahmen, die die freie Disposition des verantwortlichen Unternehmers hindern, müssen letzten Endes auch das Persönlichkeitsbewußtsein in der Unternehmerschaft untergraben. Die Unternehmerschaft könnte bei derartigen staatlichen Eingriffen auch eine Ausdehnung der staatlichen »Fürsorgetätigkeit« auf die Unternehmungen selbst erwarten. Diese Erwartungen können aus begreiflichen Gründen nicht erfüllt werden. Auf der anderen Seite werden aber Initiative, Dispositions- und Organisationskraft, Arbeitsfreudigkeit und Schaffenskraft der deutschen *Unternehmerschaft* in ihrer vollen Auswirkung gehindert. Darauf dürfte es zurückzuführen sein, daß sich in der Unternehmerschaft häufig ein Pessimismus zeigt, der zu dem schaffensfrohen Optimismus der Vorkriegszeit in einem bemerkenswerten Gegensatz steht. Die bisherigen Ergebnisse der staatlichen »Fürsorgetätigkeit« lehren mit nicht mißzuverstehender Deutlichkeit, daß die *freie Auswirkung verantwortungsbewußter Persönlichkeiten in der Unternehmer-, in der Angestellten- und Arbeiterschaft doch die naturbedingte Voraussetzung höchster Leistungsentfaltung* ist und bleibt. Erst dann, wenn die leistungsfähigen und leistungswilligen Persönlichkeiten in der deutschen Wirtschaft von einengenden Fesseln befreit werden, sind die Vorbedingungen zu einer Leistungssteigerung und Erhöhung der Wirtschaftlichkeit unserer Betriebe geschaffen.

b) Ergebnisse der Betriebs-Untersuchungen.

Im folgenden seien diejenigen besonderen Beobachtungen wiedergegeben, die im ersten Unterabschnitt noch nicht enthalten sind.

Arbeitsvorbereitung u. -Überwachung.

Vor allem muß hier einem Gebiet der industriellen Betriebsführung Erwähnung getan werden, das für die Nutzung der Arbeitskräfte besondere Bedeutung hat: die *Arbeitsvorbereitung*. In der Maschinen- und elektrotechnischen Industrie war schon vor dem Kriege die Erkenntnis durchgedrungen, daß die rationelle Gestaltung des Fertigungsprozesses von maßgebendem Einfluß auf den Wirtschaftlichkeitsgrad ist. Aus dieser Erkenntnis heraus haben sich Arbeits- und Zeitstudien entwickelt, die zu einer *planmäßigen Festlegung der Arbeitsmittel, Arbeitsgänge und Arbeitszeiten* führten, die den Menschen und die Arbeitsmittel auf ihre Eignung für die verschiedenartigen Anforderungen der Arbeitsprozesse untersuchten. Die verschärfte Arbeitsteilung zwang auch zu einer sinnvollen Zusammenfassung der Arbeitselemente, damit Störungen und Verlustzeiten im Arbeitsprozeß vermieden wurden. Diese Bestrebungen haben zu Betriebsverbesserungen und Ersparnissen geführt und an dem Aufstieg der Unternehmungen einen wesentlichen Anteil gehabt.

Wenn man sich mit dem Stand der Arbeitsführung eingehend beschäftigt und insbesondere die Verhältnisse in verschiedenen Industriezweigen betrachtet, so ergeben sich eine Reihe typischer Erscheinungen. Nicht jede Arbeitsführung hat eine Verbesserung, einen verkürzten Verlauf des Arbeitsflusses zu erreichen vermocht. Trotz großer, mit neuzeitlichen Einrichtungen ausgestatteter »Arbeitsbüros« ist der Nutzeffekt dieser Aufwendungen zuweilen recht gering. Die Ursachen liegen darin, daß sich manche dieser mit der Arbeitsführung betrauten Organe nur auf Zeitstudien beschränken und dabei durch Kürzung der Akkordzeiten Parade-Erfolge erreichen wollen. Hierbei werden die unumgänglich notwendigen Vorarbeiten, d. h. Untersuchung der Betriebsstruktur und Betriebsaufgabe und der zur Verfügung stehenden Betriebsmittel und Arbeitskräfte meist verabsäumt. Es gehört dann zum Wesen einer derartigen »Arbeitsführung«, daß eine kritiklose Übernahme der Funktionen anderer Verwaltungsstellen erfolgt, die nur in eine andere Form gepreßt werden. Mit einer derartigen »wissenschaftlichen Arbeitsführung« ist den Betrieben nicht gedient; hier pflegen meist noch Nachteile gegenüber der früheren Arbeitsführung einzutreten, die zwar empirisch, aber doch einheitlich gerichtet war. Gegenüber diesen häufigen Erscheinungen in der Arbeitsführung muß darauf hingewiesen werden, daß die wichtigste Vorbedingung einer erfolgreichen Arbeitsführung die *genaueste Kenntnis und Beachtung der Betriebsstruktur und Betriebsaufgabe* ist, die sich in Zahl und Art der Produktionsmittel und Arbeitskräfte und der Produktionsrichtung niederschlägt. Unter der Voraussetzung gleichbleibender Zielsetzung des Betriebes wird die Arbeitsvorbereitung zuerst die Leistungsfähigkeit der gegebenen Produktionsmittel und der Arbeitskräfte festzustellen haben. Diese Ermittlung kann auf Erfahrungswerten beruhen, die allmählich durch genauere Messungen ersetzt werden. Schon bei dieser Vorarbeit zeigt es sich, ob und inwieweit die Leistungen der einzelnen Betriebsglieder miteinander harmonieren, wo und in welchem Ausmaße Abweichungen bestehen, die etwa durch Umschaltung des Produktionsprozesses, durch Unterteilung und Zusammenfassung zu beseitigen sind. Die Leistungsfähigkeit des Gesamtbetriebes muß mit dem Absatz- bzw. Fertigungsprogramm in Übereinstimmung gebracht werden, wobei die Höhe des verfügbaren Umstellungskapitals das Tempo und Ausmaß der betrieblichen Verbesserung beeinflußt. Die Abstimmung zwischen Leistungsfähigkeit und Belastungsgrad des Betriebes und seiner Glieder ist auch mit Rücksicht auf die Einhaltung der Lieferverpflichtungen notwendig.

Die Wegrichtung der Arbeitsführung und damit die Organisation der Arbeitsvorbereitung wird durch die *Fertigungsart* bestimmt. Demzufolge ist auch die *Gestaltung des Arbeitsbüros* davon abhängig, ob der Betrieb auf die *Herstellung typisierter Massenerzeugnisse oder einzelner Sondererzeugnisse* eingestellt ist. Zwischen diesen beiden Polen liegen eine Reihe von Möglichkeiten, die auch nebeneinander in dem gleichen Betriebe bestehen können. Es darf hierbei nicht übersehen werden, daß auch die Betriebsaufgabe nicht ein für allemal unabänderlich gegeben ist, sondern daß sie stets eine Funktion wechselnder Markteinflüsse ist und sich den aus Kaufkraft, Kaufneigung, Bedürfnis und Geschmack des Konsums folgenden Strömungen anzupassen hat, soll nicht die Wirtschaftlichkeit gefährdet werden. Beispielsweise wird bei einem gegenwärtig auf *Spezialfertigung* eingestellten Betrieb die Frage der Verständigungsbereitschaft zwischen Erzeuger- und Verbraucherkreisen eine Rolle spielen, weil hiervon wieder das Ausmaß der Typung und Normung abhängt. Eine fortschreitende Typung und Normung schafft günstigere Vorbedingungen einer kontinuierlichen Fertigungswirtschaft und schaltet von vornherein einzelne Komponenten aus. Deshalb wird sich jede Arbeitsvorbereitung in erster Linie mit dem produktionstechnischen und produktionswirtschaftlichen Ablauf der typisierten Erzeugnisse und in zweiter Linie mit den genormten Teilen der Sonder- und Spezialerzeugnisse zu beschäftigen haben. Hier können Arbeits- und Zeitstudien mit Erfolg angesetzt und die Wege wirtschaftlicher Fertigung im Einzelnen untersucht werden. Hier kann auch eine Zusammenfassung der verwaltungstechnischen Arbeiten, insbesondere der Arbeitsvorbereitung und Arbeitsüberwachung in Form eines Zentralorganes stattfinden. Es ist bei der typisierten und genormten Reihen- und Massenfertigung anzustreben, sämtliche fertigungstechnischen Verwaltungsfunktionen einem *Zentralorgan* des Betriebes zu übertragen, weil auf diese Weise die *einheitliche Durchführung* der Richtlinien am besten gewahrt und gleichzeitig die Entlastung der Betriebsstellen von Verwaltungsarbeiten in der vollendetsten Weise ermöglicht wird. Je weiter sich hier die Verwaltungsarbeiten in der Arbeitsvorbereitung (Arbeitsbüro) zentralisieren lassen, um so mehr wird der Fertigungsbetrieb selbst auf produktionstechnische Aufgaben beschränkt. Dadurch erhält der Fabrikationsbetrieb ein wesentlich anderes Gefüge als bei *dezentralisierter Arbeitsführung* in den Betrieben der wechselnden Sonder- und Spezialfertigung. Hier sind der *zentralen* Arbeitsvorbereitung verhältnismäßig enge Grenzen gesetzt, die mit der Begrenzung der Typung und Normung infolge der absatzwirtschaftlichen Bedingungen zusammenhängen. In diesem Falle kann die zentrale Arbeitsführung nicht in gleichem Maße in die Einzelheiten des Arbeitsflusses eindringen, sondern muß das den Betriebsbeamten, vor allem den Meistern überlassen. Hier muß in stärkerem Maße die Beweglichkeit aller Betriebsorgane, die Anpassungsfähigkeit des Betriebes gegenüber wechselnden Anforderungen des Marktes gewahrt bleiben. Infolgedessen muß auch den Werkstattsmeistern ein größerer Anteil an der Verwaltungsarbeit eingeräumt werden. In dieser durch die Betriebsstruktur und Betriebsaufgabe bedingten Grenzsetzung der Arbeitsführung liegt vor allem die Vorbedingung ihrer nachhaltigen Wirkung: *Steigerung des Nutzungs- und des Intensitätsgrades*. Andere Betriebsaufgaben bedingen andere Strukturbildungen; deshalb ist jede Nachahmung wesensfremder Methoden abwegig, weil dadurch die gegebenen Betriebsmittel und -kräfte unzureichend genutzt werden, da ihnen die Entfaltung ihrer besonderen Wirkung genommen wird [1]).

Die erfolgreiche Inangriffnahme und Durchführung der Arbeitsvorbereitung scheitert vielfach noch an dem Mangel geeigneter Persönlichkeiten. Es macht sich hier stark geltend, daß die Züchtung von *Spezialisten* nicht die Persönlichkeiten hervorbringt, die ein vielseitiges Können auf Grund eines tieferen Allgemeinwissens zu entwickeln vermögen, das sie befähigt, sich in den Betriebsorganismus und das Betriebsleben hineinzufühlen. Die Organe der Arbeitsführung müssen nicht nur fabrikationstechnische Fachkenntnisse besitzen, sondern über reiche organisatorische und dispositive Fähigkeiten, Menschenkenntnis usw. verfügen. Deshalb sollten diese Kräfte auch Gelegenheit erhalten, den gesamten Fertigungsbetrieb und die wichtigsten Teile des Verwaltungsbetriebes kennen zu lernen, um den Zusammenhang der Betriebsfunktionen übersehen zu können. Erst dann werden sie in der Lage sein, die einzuschlagende Wegrichtung zu übersehen und sinngemäß einzuhalten. Nur dann können auch die Untersuchungen arbeitsanalytischer und arbeitsorganisatorischer Art fruchtbar werden und den Wirtschaftlichkeitsgrad verbessern.

Eine Grundbedingung planmäßiger Arbeitsführung ist das Fabrikations- bzw. *Arbeitsprogramm*, über das wir uns bereits oben ausgesprochen haben. Beobachtungen in der industriellen Praxis zeigen indes, daß

---

1) Vgl. *Hellwig*: »Neuzeitliche Selbstkostenberechnung«, Berlin 1923. — Derselbe: »Organische Betriebsdisposition«, in Heft 1 — 2 der Z. f. B., Berlin Januar 1926.

ein solches Programm nicht oder nur selten in der nötigen Gliederung und Unterteilung nach Fertigungszweigen und Fertigungsstätten vorliegt. Auch hier ist die Grundursache darin zu suchen, daß eine Gliederung der *einzelnen Aufträge* nach Produktionsfaktoren — die Auftragsanalyse — nicht erfolgt, so daß die durch den Auftragsbestand gegebene Belastung der Betriebsstellen und der voraussichtliche Aufwand an Werkstoffen, Arbeits- und Betriebsstunden nicht mit der für eine planmäßige Betriebsführung erforderlichen Klarheit ersichtlich ist. Ebenfalls fehlen in sehr vielen Fällen genauere Daten über die *Leistungsfähigkeit* der Unterbetriebe und ihrer Betriebsstellen. Infolgedessen ist auch nicht ersichtlich, ob zwischen der Leistungsfähigkeit des Gesamtbetriebes und seiner Glieder und der tatsächlichen durch den Auftragsbestand gegebenen Inanspruchnahme Spannungen bestehen, die eine optimale Nutzung der Betriebsmittel und Betriebskräfte hindern und den Wirtschaftlichkeitsgrad des Betriebes herabdrücken [1]).

Auswahl der Menschen.

Bei der Erörterung über den gegenwärtigen Stand der Arbeitsführung in industriellen Betrieben kann an einem Punkt von Bedeutung nicht vorübergegangen werden: *die menschliche Arbeitskraft* selbst. Vielfach überläßt man die Auswahl und Einstellung von Arbeitskräften noch den Lohnbüros, Werkstattbüros oder anderen dafür ungeeigneten Verwaltungsorganen. Nur vereinzelt werden in größeren industriellen Betrieben *Eignungsprüfungen auf wissenschaftlicher Grundlage* vorgenommen, um Anhaltspunkte für die Eignung des Einzustellenden zu erhalten. Auch die systematische *Anlernung und Schulung* bedarf noch wesentlicher Vervollkommnung. Während größere Betriebe der Metallindustrie vielfach zu einer systematischen Anlernung in besonderen Werkstätten [Anlern-Werkstätten] übergegangen sind und gute Erfolge damit erzielt haben, schenken viele mittlere und kleinere Betriebe der Frage der systematischen Anlernung und Eingewöhnung in den Betrieb nicht genügende Aufmerksamkeit. Die Folge dieser Unterlassung ist, daß der Leistungsgrad der Arbeitskräfte verhältnismäßig langsam eine befriedigende Höhe erreicht, daß manches Arbeitsverhältnis vorzeitig abgebrochen wird, weil die ersten 6—8 Wochen systematischer Anlernung versäumt wurden. Daß dadurch Leerlaufzeiten und Verluste entstehen, die die Beweglichkeit und Leistungsfähigkeit des Betriebes vermindern, liegt auf der Hand.

[1]) Vgl. »Fabrikationsprogramm« im Handwörterbuch der Betriebswirtschaft, C. E. Poeschel Verlag, Stuttgart 1927, herausgegeben von Prof. Dr. Nicklisch.

Arbeits- und Leistungsstudien.

Vielfach werden Arbeits- und Zeitstudien von Meistern, Kalkulanten usw. vorgenommen, die nicht immer die nötige Eignung hierfür besitzen, weil sie selten über eine arbeitsphysiologische Schulung verfügen. Derartige Zeitmessungen dienen deshalb hauptsächlich nur der Festlegung von Stückzeiten für einen vorliegenden Fall. Selten können sie zum Ausgangspunkt betriebswirtschaftlicher Verbesserungen gemacht werden, weil sie keinen Einblick in die arbeitstechnischen Vorbedingungen und arbeitsorganisatorischen Zusammenhänge gewähren. Darauf ist es auch zurückzuführen, daß die vielfach als äußere Zeichen einer modernen Betriebsführung betrachteten Zeitstudien, die tatsächlich nur Zeitfestlegungen sind, nicht den erhofften Erfolg gezeitigt haben. Wird doch immer noch die für bestimmte Arbeitsoperationen benötigte Zeit als optimaler Zeitaufwand betrachtet, ohne daß die durch Besonderheiten und Zufälligkeiten des Arbeitsauftrages, der Arbeitsmittel und des Arbeitenden gegebenen Momente berücksichtigt werden. In einer Reihe von industriellen Betrieben konnte beobachtet werden, daß auf die in dieser Weise ermittelten Arbeitszeiten ein »Sicherheitszuschlag« von 20—30% als Ausgleich für »unvorhergesehene Fälle« gerechnet wurde, die durch Material- und Konstruktionsfehler, Organisationsmängel, Betriebsstörungen usw. zu entstehen pflegten. Ein derartiges Vorgehen bedeutet eine Scheinarbeit, die keinerlei Aufschluß in arbeitstechnischer und arbeitsorganisatorischer Hinsicht gewährt, die vielmehr zu Verschleierungen verleitet und diese weiterhin begünstigt. Eine *Arbeitsstudie* muß sich auf die Eignung des Arbeitsmittels und des Arbeitenden erstrecken, Art und Qualität der Werkstoffe berücksichtigen und — den Gütegrad der Betriebs- und Arbeitsorganisation widerspiegeln. Erst eine derartige Arbeitsstudie ist gleichzeitig *Arbeitsanalyse*; sie zeigt den Anteil der verschiedenartigen *Arbeitselemente*, insbesondere die Vorbereitungs- und Einrichtezeit, die Lauf- bzw. Maschinenzeit, zerlegt die Vorbereitungszeit und ermöglicht dadurch zweckentsprechende Verbesserungen, Abkürzung der Vorbereitungszeiten u. dgl. m. Es berührt merkwürdig, daß die in der Praxis vielfach wahrnehmbaren Zeitstudien es an dieser Systematik fehlen lassen, daß sie einen klaren Einblick in die Zusammensetzung und Gliederung des Zeitaufwandes verwehren. Daraus folgen Unklarheiten über die Beziehungen zwischen der jeweiligen Mengenvorgabe und der Wirtschaftlichkeit des Betriebes. Es leuchtet indes ein, daß es für die Wirtschaftlichkeit eines Betriebes nicht gleichgültig ist, ob der Anteil der *festen Zeiten* 5% oder 30% der Gesamtarbeitszeit beträgt. Wenn auch diese Vorbereitungszeiten vom Betriebe selbst als »produktive« Arbeitszeiten angesehen und kalkulatorisch als direkte Kosten erfaßt werden, so wird — besonders bei hohem Arbeitskostenanteil — der Gestehungspreis der Erzeugnisse dadurch eine den Absatz gefährdende Höhe erreichen. Der sinkende Absatz schlägt sich dann naturgemäß in einem geringeren Nutzungsgrad der Betriebsmittel und — weiterhin in einem sinkenden Leistungsgrad der Arbeitskräfte nieder. Es ist deshalb unrichtig, die von den Werkstätten als »produktiv« angesehenen Arbeitszeiten unangetastet zu lassen und sie als Grundlage der Unkostenverteilung zu betrachten. In vielen »produktiven« Arbeitszeiten liegen gefährliche Verlustquellen, die durch weitergehende Arbeitsvorbereitung auf dem Wege der Arbeitsanalyse und Betriebs-Untersuchung verringert werden könnten. Die Voraussetzung derartiger Maßnahmen bilden echte Arbeitsstudien, die einen klaren Einblick in die Produktions- und Arbeitsbedingungen des Betriebes gewähren. Vielfach scheut man die Kosten einer planmäßigen Arbeitsvorbereitung, die man als »Unkosten« zu betrachten pflegt, was nach dem betrieblichen Sprachgebrauch gleichbedeutend mit »unproduktiv« ist. Hier liegt indes ein sehr gefährlicher Irrtum vor, der bekämpft werden muß. *Niemals darf die kalkulationstechnische Gliederung bestimmend sein für die Wertung irgendwelcher Aufwendungen; entscheidend für die Wertung aller Aufwendungen darf nur ihr Gegenwert in Form von Leistungen sein, gleichgültig, ob sich diese kurzfristig oder langfristig auswirken!*

Ermüdungsstudien.

In das Gebiet der Arbeits- und Zeitstudien gehört neben der Prüfung der *Arbeitsgeräte* hinsichtlich ihrer Eignung für bestimmte Arbeitszwecke vor allem das Studium der *Ermüdungserscheinungen.* Eine beträchtliche Zahl fortschrittlicher Industriebetriebe hat den Ermüdungserscheinungen große Aufmerksamkeit gewidmet und hierbei sehr aufschlußreiche Ergebnisse erzielt. Aus diesen Studien heraus sind Maßnahmen entwickelt worden, die die Ermüdung auf ein Mindestmaß zu ermäßigen und das Leistungsoptimum zu erhöhen vermochten. Beispielsweise hat ein führender Großbetrieb der elektrotechnischen Industrie in Berlin beim Übergang zur Fließarbeit eine Arbeitspause von 10 Minuten nach je 2 Stunden Arbeitszeit eingeführt und dadurch die mit der fortschreitenden Ermüdung verbundenen Unlustgefühle beseitigt und den Leistungsgrad nicht unerheblich verbessert. Ein Betrieb der Gardinenindustrie im Vogtland legt für seine Maschinenstickerinnen in einstündiger Folge eine Pause von je 5 Minuten ein und hat auf diese Weise ebenfalls einen Rückgang der Ermüdungs- und Unlusterscheinungen erzielt. Meist sind derartige Beobachtungen bisher in Betrieben mit überwiegend weiblicher Belegschaft gemacht worden. Im allgemeinen sind jedoch planmäßige Arbeitsstudien noch relativ selten, weil arbeitsphysiologische Erkenntnisse in der industriellen Praxis noch wenig verbreitet sind. Das darf indes nicht wundernehmen, ist doch das große Gebiet der *Arbeitsphysiologie* erst in der neueren Zeit wissenschaftlich bearbeitet und der Auswertung in der Praxis zugängig gemacht worden. Es sei hier auf die kürzlich veröffentlichten und auf eingehenden Studien beruhenden Untersuchungen des *Kaiser-Wilhelm-Instituts* verwiesen [1]).

Außer den bereits erörterten Ursachen der Leistungssenkung sind noch eine Anzahl anderer Umstände wirksam, die das menschliche Arbeitsvermögen wesentlich beeinträchtigen. Dabei handelt es sich um bekannte Erscheinungen, die sich gerade in der Gegenwart als Folge des verlorenen Krieges und der jeden Einzelnen drückenden Verluste und Belastungen auswirken; ein näheres Eingehen darauf erübrigt sich an dieser Stelle. Lediglich ein Punkt sei hier noch erwähnt, der die Arbeitsleistung sehr ungünstig beeinflußt: die Wohnungsfrage und die damit zusammenhängenden unbequemen und kostspieligen Wege zur Arbeitsstätte. Es ist keine Seltenheit, daß Arbeiter großindustrieller Betriebe täglich zwei Stunden Wegzeit aufzuwenden haben; aber auch in mittleren kleinstädtischen Betrieben sind große Wege mit der Bahn, mit dem Rade, mit Firmenautos usw. zurückzulegen. Einige Betriebe in Westfalen und Sachsen sind notgedrungen dazu übergegangen, ihre Angestellten und Arbeiter mit Geschäftsautos zu befördern. An anderen Stellen muß der Betrieb sich dem Fahrplan der Bahn anpassen. Daß diese Momente die Betriebsführung erschweren und auch die besten organisatorischen Maßnahmen nicht zur vollen Auswirkung gelangen lassen, liegt auf der Hand, abgesehen von der finanziellen Belastung des Betriebes durch zeitliche Verschiebungen, durch die Unterhaltung eines Fuhrparkes u. dgl. m. Beachtung verdienen in diesem Zusammenhang die Erhebungen der Dresdener Gewerbeinspektion, die in anschaulicher Weise den Einfluß der Wegzeiten und der Erholungszeiten auf den Gesundheitszustand und die Leistungsfähigkeit der Arbeitenden beleuchten. An Beispielen verschiedener Städte wird errechnet, daß selbst bei

---

[1]) Vgl. *Atzler*: »Körper und Arbeit«, Handbuch der Arbeitsphysiologie, Georg Thieme Verlag, Leipzig 1927.

Vorzugstarifen die Fahrtkosten für 10 km Entfernung zwischen Wohn- und Arbeitsstätte 12% und bei 25 km Entfernung 26% der Jahresmiete betragen und somit eine erhebliche Belastung der Arbeiter darstellen [1]).

V. Das Anlagekapital im Produktionsprozeß [2]).

a) Grundsätzliches.

Kostenvariationen in den Betrieben.

Der Kostenanteil des Produktionsfaktors »*Anlagekapital*« am Produktionsaufwand ist — entsprechend der Betriebsaufgabe und Betriebsstruktur — in zahlreichen Variationen vertreten. Wie aus der eingangs — S. 15 — niedergelegten Tabelle hervorgeht, beträgt der in den »Gemeinkosten« enthaltene Kostenanteil für Anlagennutzung in der mechanisierten Reihen- und Massenfertigung etwa 25—35%, in der teilweise mechanisierten Sonder- und Spezialfertigung im Mittel 20% der Gesamtkosten. Als Folge der fortschreitenden Mechanisierung ist im allgemeinen ein Ansteigen der Anlagennutzung, ein Vordringen der automatischen Arbeit im Rahmen des industriellen Arbeitsprozesses zu beobachten. Diese Erscheinung hängt mit dem durch die gesamtwirtschaftliche Struktur bedingten Zwang einer Steigerung der technischen Produktivität der Betriebe eng zusammen, wobei indes innerhalb der verschiedenen Industriezweige und Betriebsarten das Ausmaß dieser Entwicklung verschieden ist. Im allgemeinen ist aber das Anschwellen des Anlagekapitals in den industriellen Betrieben unverkennbar. Damit hängt ein anderes Moment eng zusammen: die *Marktempfindlichkeit industrieller Betriebe;* die Wirtschaftlichkeit des Betriebes hängt in steigendem Maße von der durch den Auftragsbestand gegebenen Belastung und Ausnutzung der Betriebsstätten und ihrer Einrichtungen ab. Dadurch wird der *Beschäftigungsgrad* von wachsender Bedeutung für den Wirtschaftlichkeitsgrad des Ge-

---

[1]) Vgl. Denkschrift des Reichsarbeitsministeriums über die Frage der Wohnungsbauten, ferner Denkschrift des Dresdener Gewerbe-Aufsichtsbeamten Dr. *Preller* und Dr. *Franz Jörrissen*, Köln, in »Deutsche Bergwerks-Zeitung« vom 17. 8. 27, 18. 8. 27 und 21. 8. 27.

[2]) In ähnlicher Weise wie in den vorigen Abschnitten IV und V beschränken sich die Darlegungen bewußt auf grundsätzliche Fragen in betriebswirtschaftlicher Richtung.

samtbetriebes, weil er eine *Voraussetzung* optimaler Nutzung der Betriebsanlagen und optimaler Leistung der Betriebskräfte darstellt.

Entwicklungstendenzen in der Industrie.

Diese Erscheinungen wirken andererseits auf die Strukturbildung der Gesamtwirtschaft zurück. Es findet eine Konzentration in den Industriezweigen der Produktionsmittel statt, insbesondere in den Maschinen-, Werkzeug- und elektrotechnischen Betrieben. Innerhalb dieser Industriezweige steigt der Bedarf an Anlagekapital erheblich, vor allem in denjenigen Betrieben, die sich vorweigend auf Reihen- und Massenfertigung typisierter Erzeugnisse einstellen. Gleichzeitig führt diese Entwicklung auch zu einer Wanderung der Arbeitskräfte von den Industriezweigen der Verbrauchsgüter zu denjenigen der Kapitalgüter, weil die letzteren einen steigenden Bedarf an Arbeitskräften für die Bedienung und Unterhaltung ihrer Anlagen und für neue konstruktions- und fertigungstechnische Aufgaben haben. Besonders das letztere Moment: steigender Bedarf qualifizierter Arbeitskräfte, verdient im Zusammenhang mit der Frage der Schulung des industriellen Facharbeiter-Nachwuchses ernsteste Beachtung.
Konstruktion und Fertigung in den Betrieben der Produktionsmittel werden in steigendem Maße von dem Verwendungszweck ihrer Erzeugnisse beeinflußt werden. Die genaue Kenntnis dieser Verwendungsmöglichkeiten liegt deshalb im ureigensten Interesse der Produktionsmittel erzeugenden Betriebe. Daß dieser Frage noch nicht die ihr zukommende Beachtung geschenkt wird, lehren beispielsweise Beobachtungen in der Textil-Industrie. Gegenwärtig bezieht die deutsche Textil-Industrie vielfach Maschinen aus dem Ausland, weil der deutsche Maschinenbau angeblich nicht in der Lage ist, gleichwertige Maschinen zu liefern. Die Maschineneinfuhr aus England allein betrug im September 1927 *1216 t* gegen *1051 t* im August und *170 t* im September 26. Der Wert dieser Einfuhr stieg von ca. 2 000 000 Goldmark im August 1927 auf ca. 2,600 000 Goldmark im September 1927. Insgesamt hat Deutschland in den ersten neun Monaten 1927 allein aus England 5967 t Textilmaschinen im Werte von ca. 13 000 000 Goldmark eingeführt gegen 4751 t im Werte von 10 000 000 Goldmark in der entsprechenden Zeit des Vorjahres. Wenn auch diese steigende Einfuhr saisonbedingt ist und andererseits mit der langfristigen Kreditgewährung der großen englischen Textilmaschinen-Fabriken zusammenhängt, so darf nicht unbeachtet bleiben, daß hier der deutschen Maschinenindustrie ein reiches Feld der Betätigung entzogen werden kann.

Eine Ursache dieser Entwicklung dürfte in der ungenügenden Beachtung der *produktionstechnischen Bedürfnisse der Textilindustrie seitens der deutschen Maschinenindustrie* zu suchen sein. In der deutschen Konservenindustrie sind ähnliche Erscheinungen zu beobachten. Auch hier steigt der Anteil der deutschen Maschineneinfuhr aus dem Auslande, besonders aus Amerika, in bedrohlicher Weise; angeblich genügen die deutschen Erzeugnisse den Bedürfnissen der Konservenindustrie nicht. An einzelnen Stellen ist geradezu ein Wettlauf in dieser Richtung zu beobachten, weil alles Heil in modernsten, d. h. ausländischen Maschinen gesehen und vielfach das bloße Vorhandensein eines modernen Maschinenparkes schon als Rationalisierung und Steigerung des Wirtschaftlichkeitsgrades betrachtet wird.

Die Nutzung des Anlagekapitals.

Das bloße Vorhandensein neuzeitlicher Arbeitsmaschinen ist genau so wenig bestimmend für den Wirtschaftlichkeitsgrad des Betriebes wie etwa die Zahl und Art der Arbeitskräfte oder der Rahmen einer Organisation. Entscheidend ist vielmehr die *Nutzung* der Betriebsmittel und die *Leistung* der Arbeitskräfte. Das Moment der *optimalen Nutzung* muß im Hinblick auf die bei den Umstellungsbestrebungen wahrnehmbaren Eindrücke und Erfahrungen weit stärker beachtet werden. Hier ist darauf hinzuweisen, daß der optimalen Nutzung der Betriebseinrichtungen die unzureichende Beobachtung und Ordnung des Produktionsablaufs hinderlich im Wege steht. Demzufolge fehlt es häufig an einer harmonischen *Abstimmung* bzw. Angleichung der Leistungen der einzelnen Betriebsstellen. Es bestehen vielfach erhebliche Spannungen zwischen den Leistungen der einzelnen Betriebsstellen, die den optimalen Produktionsablauf hindern. Viele Minderleistungen ließen sich unter geringem Kostenaufwand verbessern und in Übereinstimmung mit den höheren Leistungen der übrigen Betriebseinrichtungen bringen. Oft genug wird noch an einzelnen Stellen des Betriebes, die scheinbar von untergeordneter Bedeutung für den Produktionsprozeß sind, in überkommener Weise unter Verwendung selbst angefertigter primitiver Vorrichtungen und Werkzeuge gearbeitet. Dabei handelt es sich um Betriebsmittel, die in gleicher oder ähnlicher Form in den verschiedensten Betrieben benötigt werden und deren Herstellung im großen durch besondere Spezialfabriken im Interesse der Gesamtwirtschaft liegen würde. So verständlich auch die vielfach zu beobachtende und besonders in der Zeit schlechten Beschäftigungsgrades beliebte Eigenfertigung von Werkzeugen, Vorrichtungen, Arbeitsmaschinen, Ofenanlagen usw. ist, so muß doch beachtet werden, daß hier leicht eine Übersetzungsgefahr auftritt. Es besteht gewöhnlich die Neigung, derartige Betriebsstellen, die »indirekten Fertigungsstätten« zu erweitern; dadurch wird aber der einheitliche Charakter der Betriebs- und Wirtschaftsführung gestört. Deshalb sollten derartige Nebenbetriebe, soweit sie nicht durch besondere standortliche Verhältnisse bedingt sind, nur in einem bescheidenen Umfange geführt werden. Die Herstellung größerer Betriebseinrichtungen, z. B. von Öfen, Betriebs- und Arbeitsmaschinen müßte im Interesse gesunder volkswirtschaftlicher Arbeitsteilung den Spezialfabriken überlassen bleiben. Das setzt voraus, daß diese Spezialfabriken in engster Verbindung mit ihren Abnehmern arbeiten und die Bedürfnisse und Eigenart ihrer Abnehmerbetriebe planmäßig und intensiv studieren.

Nach einer größeren Zahl von Feststellungen beträgt der Nutzungsgrad der Betriebseinrichtungen bestenfalls 60%. Das ist darauf zurückzuführen, daß die Verlustzeiten nicht genügend beachtet werden, weil sie meist nicht bekannt sind. Hierbei spielen die relativ hohen Einrichtezeiten, die unzweckmäßige Arbeitsvorgabe, häufige Reparaturen, Materialfehler, mangelhafte Betriebsorganisationen usw. eine zwar verschiedenartige, aber i. a. sehr bedeutsame Rolle. Es ist notwendig, daß die Arbeitsführung für eine *restlose Erfassung und Untersuchung aller Verlustzeiten* Sorge trägt! Im Verlauf dieser Untersuchungen wird sich fast immer herausstellen, daß ein erheblicher Teil der Verlustzeiten durch organisatorische Verbesserungen vermieden werden kann. Hier kommt — außer der Abstimmung und Angleichung der maschinellen Einzelleistungen — die rechtzeitige und lückenlose Zufuhr der Werkstoffe, die rechtzeitige Bereitstellung und zweckmäßige örtliche Anordnung der Werkzeuge und Vorrichtungen, die lückenlose Vorbereitung der Arbeitsanweisungen, Stücklisten und Zeichnungen in Betracht. Beachtung verdient ferner die lückenlose Weiterleitung der Werkstücke von einer Arbeitsstelle zur anderen, die lückenlose Abnahme und Revision. Auch die zweckmäßige *räumliche Anordnung* der Maschinen, beispielsweise die Aufstellung größerer Maschinen in der Kranbahn, gehören in den Kreis der auf Verminderung der Verlustzeiten hinzielenden Maßnahmen.

Die *planmäßige Instandhaltung* der Arbeitsmaschinen und -vorrichtungen verdient besondere Aufmerksamkeit. Gerade auf diesem Gebiet bleibt noch viel zu tun übrig. Durch rechtzeitige Inangriffnahme der Instandhaltung werden nicht nur erhebliche Kosten gespart, sondern es wird auch ein großer Teil der Störungen im Produktionsablauf durch unvorhergesehenen Ausfall einzelner Betriebsteile vermieden. Das muß deshalb sehr ernst hervorgehoben werden, weil die Planmäßigkeit in der Instandhaltung zur Vermeidung von Neuinvestierungen beiträgt. Es leuchtet ein, daß der Einfluß dieser Maßnahmen auf die Entwicklung der Wirtschaftlichkeit des Betriebes um so höher ist, je größer der Anteil der Maschinenarbeit am Fertigungsprozeß ist.

Die *Marktempfindlichkeit* der industriellen Betriebe, auf die oben hingewiesen wird, hängt mit dem Kostencharakter der modernen industriellen Erzeugung eng zusammen. Mit dem wachsenden Anteil der Maschinenarbeit entstehen steigende Kosten für die Kapitalnutzung in Gestalt von Verzinsung, Instandhaltung, Bedienung und Verwaltung der Produktionsmittel. Diese Kosten haben überwiegend einen *festen* Charakter, d. h. sie entstehen ohne Rücksicht auf den durch den Auftragsbestand gegebenen Beschäftigungsgrad. Da dieser Beschäftigungsgrad aber den Nutzungsgrad der Betriebsmittel und den Leistungsgrad der Arbeitskräfte maßgeblich beeinflußt, so folgt daraus die Notwendigkeit der Beobachtung und Regulierung des *Beschäftigungsgrades* als desjenigen Wirtschaftlichkeitsfaktors, der vielfach, besonders in Zeiten gesamtwirtschaftlicher Strukturwandlungen, von entscheidendem Einfluß auf den Wirtschaftlichkeitsgrad des Gesamtbetriebes ist. Es ist demzufolge eine der wichtigsten Funktionen der Wirtschaftlichkeitsmessungen, den Beschäftigungsgrad im einzelnen zu verfolgen und mittels preistaktischer und preispolitischer Maßnahmen eine Regulierung im Rahmen des Gesamtbetriebes und der Unterbetriebe zu erstreben. Viel zu wenig wird dieses Moment in der industriellen Betriebsführung beachtet. Wie oben gezeigt, glaubten viele Industriebetriebe das Allheilmittel in der Anschaffung neuzeitlicher Arbeitsmaschinen und Vorrichtungen sehen zu müssen, obgleich Erkenntnisse über die Zusammenhänge zwischen Beschäftigungs-, Nutzungs- und Leistungsgrad zu weit höheren und nachhaltigeren Erfolgen geführt hätten. Es darf nicht wundernehmen, daß eine derartige »Reorganisation« Enttäuschungen bereitet hat. Häufig wäre der Ausbau der *Absatzorganisation* wichtiger und zweckdienlicher gewesen als die Vergrößerung des Anlagekapitals und die dadurch verursachte Erhöhung der festen Kosten. Diese Frage leitet indes über zu den Gebieten der *Betriebsrechnung* und *Betriebsorganisation*, die in den nächsten Abschnitten behandelt werden sollen.

b) Ergebnisse der Betriebs-Untersuchungen.

Allgemeine Eindrücke.

Die Betriebs-Untersuchungen haben sich darauf erstreckt, den *Zustand* der investierten Betriebsanlagen und ihre unter den gegebenen Verhältnissen mögliche *Nutzung* festzustellen. Dabei fiel als typische Erscheinung der Überfluß an *Raum* auf. Dieser Raumüberfluß ist offenbar auf die Raum-Wirtschaft in der Vorkriegszeit und die damalige, auch in der Gegenwart noch übliche Arbeitsorganisation zurückzuführen. Außerdem sind verschiedene Fälle von Überkapitalisierung beobachtet worden, bei denen von vornherein ein Übermaß an Raum und Betriebsanlagen vorlag. Bei näherer Betrachtung der *Bauart* läßt sich häufig feststellen, daß die Betriebsräume für die heutigen Betriebszwecke nicht mehr geeignet sind; das trifft besonders für kleinere Betriebe, die in Mieträumen wohnen, zu. Einmal genügen die Betriebsgebäude in ihrer starken Verschachtelung nicht mehr den neuzeitlichen Anforderungen der Arbeitsorganisation, dann aber werden sie auch den arbeitshygienischen Anforderungen selten in vollem Maße gerecht. Die Isolierung der einzelnen Fertigungsstätten ist immer noch stark vertreten; der glatte Ablauf der Fertigung wird durch Trennungs- und Zwischenwände gehindert. Es gibt Betriebe, deren Grundstücke nur zum kleineren Teil bebaut werden können, weil die Gleisanlagen diagonal die zu bebauende Fläche durchschneiden. Die Folge dieser ungünstigen Anordnung ist die Zerrissenheit der Betriebsgebäude und ihre unzweckmäßige Bauart. Dazu kommt, daß in derartigen raumwirtschaftlich belasteten Betrieben, die einer vernünftigen Neuordnung große Schwierigkeiten bereiten, meist ein Übermaß an Lagerschuppen vorhanden ist, weil die bebaubare Fläche sich für die Anlage von Betriebsgebäuden nicht eignet und infolgedessen durch provisorische Niederlassungen in Form von Lagerschuppen, Reparatur-Werkstätten usw. ausgefüllt wird. Wenn unter derartigen Verhältnissen der Fertigungsbetrieb in allen isolierten Teilen aufrechterhalten werden muß, so sind die durch Transport- und Wartezeiten entstehenden Verluste mitunter so beträchtlich, daß sie die Wirtschaftlichkeit der Fertigung gefährden, vor allem bei hohen Verarbeitungskosten.

Es muß gesagt werden, daß die raumwirtschaftliche Seite der Rationalisierung noch nicht mit der erforderlichen Sorgfalt behandelt wird. Vor allem werden die Fertigungsräume immer noch zu einem großen Teil für *Lagerungs- und Abstellzwecke* benutzt, wodurch Übersichtlichkeit und Ablauf des Produktionsprozesses leiden. Daß durch mangelhafte Raumwirtschaft erhöhte Transportkosten und infolge der Zwischenlager erhöhte Zinskosten entstehen, liegt auf der Hand, wird aber in der Praxis vielfach übersehen. Es drängt sich auch hier wieder der Eindruck auf, daß unter Rationalisierung vielfach eine Modernisierung des Maschinenparkes und der sonstigen Einrichtungen verstanden wird; ob indes eine Erneuerung dieser Teile des Anlagekapitals eine Erhöhung der Wirtschaftlichkeit des Betriebes ermöglicht, bleibt dabei unberücksichtigt. Diese Einstellung verkennt die betrieblichen Zusammenhänge und insbesondere die Natur der Wirtschaftlichkeitsquellen, wie sie durch Betriebsaufgabe und Betriebsstruktur gegeben sind.

Während die Anlagen in vielen Großbetrieben in den letzten Jahren ergänzt und teilweise vervollkommnet werden konnten, behelfen sich viele mittlere und kleinere Betriebe kümmerlich mit veralteten und ausgedienten Betriebs- und Arbeitsmaschinen. Das trifft insbesondere für Betriebe der Holz- und Textilindustrie zu. Aber auch in der Schraubenfabrikation gibt es Betriebe, die noch mit den vor Jahrzehnten selbst angefertigten Pressen und Vorrichtungen arbeiten. Bei näherem Studium der Betriebseinrichtungen zeigt sich überhaupt, daß ein sehr großer Teil der deutschen industriellen Betriebe seine durch übermäßige Inanspruchnahme in der Kriegs- und Nachkriegszeit überlasteten Betriebsmittel noch nicht erneuern konnte. Der durch die Erfordernisse der Kriegswirtschaft bedingte Raubbau am Maschinenpark hat viele Unternehmungen in eine schwierige Lage gebracht, vor allem dann, wenn ein ungenügender Beschäftigungsgrad in der späteren Zeit alle Erneuerungen verbot. Es ist in manchen Fällen trotz aller Anstrengungen auf arbeitsorganisatorischem Gebiet nicht möglich, den Wirtschaftlichkeitsgrad dieser Betriebe so zu verbessern, daß sie der in- und ausländischen Konkurrenz gewachsen sind. Die im Einzelnen durchgeführten Verbesserungen sind dann zu bescheiden, als daß sie den Wirtschaftlichkeitsgrad des Gesamtbetriebes merklich beeinflussen könnten. In solchen Fällen muß die Frage entschieden werden, ob und auf welche Weise eine gründliche betriebstechnische Reform angängig ist, die in Verbindung mit einer neuzeitlichen Arbeitsorganisation den Wirtschaftlichkeitsgrad so zu steigern vermag, daß das investierte Kapital auch eine angemessene Rente erbringt. Hier ist die Finanzierung, vor allem für die mittleren und kleineren Unternehmungen, die erste Voraussetzung einer planmäßigen und die besonderen Bedürfnisse der Betriebe berücksichtigenden Erneuerung. Da die einzelnen Betriebe bei der gegenwärtigen Lage des Kapitalmarktes dazu nicht in der Lage sind, kann nur ein Zusammenschluß und ein enges Zusammenarbeiten mit den Liefererbetrieben zur Lösung der Finanzierungsfrage führen.

Zusammenarbeiten zwischen Erzeuger- und Abnehmerbetrieben.

Daß das lückenhafte Zusammenarbeiten zwischen Maschinenfabriken und ihren Abnehmern sich in recht nachteiliger Weise geltend macht, lehrt unter zahlreichen anderen Fällen ein Beispiel aus der Eisenbahnoberbau-Schraubenindustrie. Hier wird seitens des Eisenbahn-Zentralamtes seit langer Zeit im Interesse rascher Auswechselbarkeit verlangt, daß die Muttern für Hakenschrauben, Laschenschrauben usw. sich von Hand »bündig« auf den Bolzen aufbringen, d. h. so weit aufdrehen lassen, daß die Mutter mit dem Bolzenende abschneidet, weiterhin aber nur vermittels eines langhebeligen Schlüssels angezogen werden kann. Zur Verwirklichung dieser Forderung ist eine ganz geringe Verjüngung des Gewindes am Bolzenende erforderlich und zwar etwas mehr, als sich aus dem Ansetzen des Gewindeschneidwerkzeuges auf den ersten Gewindegängen ohnehin ergibt. Die Maschinenlieferanten der Schraubenindustrie haben es verabsäumt, den Schraubenfabrikanten Gewindeschneidbänke zu liefern, die diese Forderung durch ihre mechanische Einrichtung selbsttätig erfüllen, was in verhältnismäßig einfacher Weise erreicht werden könnte. Infolgedessen sind die Schraubenfabriken gezwungen, in der Weise zu arbeiten, daß der die Bolzengewindeschneidmaschine bedienende Arbeiter auf jeden einzelnen Bolzen die zugehörige Mutter in der Weise aufbringt, daß er sie zunächst von Hand so weit wie möglich aufdreht, dann den Bolzen mit der Mutter auf einen kleinen Amboß aufschlägt und zwar so oft, bis er die Mutter durch wiederholtes Drehen »gängig« gemacht hat. Diese recht langwierige und in ganz verschiedenem, nicht genau feststellbarem Zeitaufwand vor sich gehende Arbeit vermindert den Nutzungsgrad der Gewindeschneidmaschine und die Leistungsfähigkeit des Arbeiters erheblich. Es leuchtet ein, daß bei diesem Arbeitsvorgang, bei dem das Mutternaufziehen in der hergebrachten Weise bremsend wirkt, auch jede andere von den Maschinenfabriken hervorgebrachte Verbesserung der Gewindeschneidmaschine keinen Zweck hat, weil die höhere Maschinenleistung sich infolge dieser Arbeitsweise nicht wirtschaftlich auszuwirken vermag.

Gestaltung der Arbeitsmittel.

Es ist eine typische, beim näheren Studium der Betriebe, ihrer Arbeitsmittel, ihrer Arbeitstechnik und Arbeitsorganisation sich immer wieder aufdrängende Erscheinung, daß Mängel jeder Art nur in seltenen Fällen von den Betriebsangehörigen erkannt und abgestellt werden. Nicht nur »Gesetz und Recht erben sich wie eine ewige Krankheit fort«; auch Methoden und Einrichtungen der Arbeits- und Betriebsführung bleiben davon nicht verschont. Es ist in vielen Fällen erst ein Anstoß von Außenstehenden notwendig, die nicht durch langjährige Gewöhnung an geheiligte Methoden und Einrichtungen abgestumpft sind, die auch unter keiner Hörigkeit gegenüber verstaubten Requisiten einer Betriebsführung stehen. Auch hierfür ein typisches Beispiel: Gelegentlich einer Betriebs-Untersuchung wurde angeregt, den vernickelten Schieber über dem Schiffchen der Nähmaschine dunkel anzulassen, um die äußerst mühevolle Beobachtung bei der Herstellung feiner Weißwäsche durch die Näherin zu erleichtern. Diese verhältnismäßig einfache und naheliegende Maßnahme hat ein sehr günstiges Ergebnis gezeitigt. Auch der üblicherweise wagerecht angebrachte Tisch der Nähmaschine, der die ohnehin stark belastete Arbeiterin zu einer gesundheitsschädlichen Haltung zwingt, konnte in vielen Fällen abgeschafft bzw. die Maschine in eine Lage gebracht werden, daß der Tisch, vom Ellenbogen der Arbeiterin aus gerechnet, unter einem Winkel von 30° nach vorn ansteigt. In diesen Betrieben hat sich überdies gezeigt, wie wichtig es im Interesse der Gesundheit der Arbeiterinnen ist, in etwa stündlicher Folge kurze Pausen (etwa 5 Minuten) einzuschalten, während der sich die Frauen und Mädchen vom Arbeitsplatz entfernen und durch Aufenthalt im Freien, durch gymnastische Übungen usw. elastisch erhalten können. Dieser Frage sollte in allen Betrieben noch stärkere Beachtung geschenkt werden. Die Erzielung des Optimums in der Nutzung der Betriebsmittel und in der Leistung der Arbeiterschaft ist von der *rechtzeitigen* Erholung abhängig. Damit hängt aber die Wirtschaftlichkeit der Betriebe und die Wirtschaftskraft der Gesamtwirtschaft eng zusammen.

Die Verwirklichung der aus den Bedürfnissen der Gesamtwirtschaft und der Struktur unserer deutschen Betriebe herausgeborenen Forderung nach *Qualitätsarbeit* stellt bestimmte Bedingungen an die *konstruktive Gestaltung der Arbeitsmittel,* insbesondere der Arbeitsmaschinen und Vorrichtungen. Es lassen sich hier in starkem Maße Verbesserungen erzielen, welche den qualitativen Eigenschaften der Erzeugnisse und den arbeitstechnischen und arbeitsorganisatorischen Bedingungen entgegenkommen. Auf diesem Gebiet liegen die Verhältnisse gegenwärtig außerordentlich verschieden. Während sich in manchen Zweigen des Maschinenbaus eine ständig fortschreitende und zweckmäßige Verbesserung zeigt, wie beispielsweise im Maschinenbau für die Schuhfabrikation, für die Wäscheherstellung usw., läßt der Fortschritt in manchen anderen Zweigen sehr zu wünschen übrig. Infolgedessen hat auf einigen von der deutschen Maschinenindustrie vernachlässigten Gebieten die *ausländische Maschinenindustrie* die Führung übernommen, weil sie die *Initiative zu durchgreifenden Verbesserungen zuerst ergriff.* Das macht sich insbesondere im Maschinenbau für die *Automobilindustrie,* für das *graphische Gewerbe,* für die *Textilindustrie* usw. empfindlich bemerkbar, sehr zum Schaden der deutschen Handels- und Zahlungsbilanz. Verschiedene deutsche Industriezweige sind außerdem gezwungen, die Verbesserung und Entwicklung wichtiger Arbeitsmaschinen und Vorrichtungen selbst in die Hand zu nehmen, weil der deutsche Maschinenbau nicht in der Lage ist, ihnen Einrichtungen zu liefern, die ihren Bedürfnissen voll entsprechen. Daß dieses Verfahren betriebswirtschaftlich und gesamtwirtschaftlich nicht unbedenklich ist, braucht nicht bewiesen zu werden. *Hier liegt für den gesamten deutschen Maschinenbau eine überaus wichtige und aussichtsreiche Aufgabe vor, deren Lösung seine Bedeutung im Rahmen der Gesamtwirtschaft noch zu steigern vermag, während andererseits die weiterverarbeitenden Betriebe von allen außerhalb ihres Aufgabenbereichs liegenden Experimenten und Nebenarbeiten ferngehalten werden.* Die Verwirklichung dieses Zieles dürfte nur auf dem Wege zu erreichen sein, daß der deutsche Maschinenbau durch *systematische Untersuchungen in den verschiedenartigen Betrieben* die an seine Erzeugnisse gestellten Arbeitsanforderungen studiert und dann die durch den Arbeitsprozeß bedingten Gesichtspunkte schon bei der Konstruktion berücksichtigt. Die Zukunft des deutschen Maschinenbaus wird nicht allein durch die Herausbringung von Höchstleistungsmaschinen bestimmt sein, sondern weit mehr in der Berücksichtigung aller arbeitstechnischen, arbeitsorganisatorischen und arbeitshygienischen Anforderungen liegen, die seine Abnehmerbetriebe im Hinblick auf wirtschaftliche Fertigung stellen.

Es wird sich in diesem Zusammenhang als notwendig erweisen, daß der *technische Nachwuchs,* insbesondere die Konstruktions- und Fabrikations-Ingenieure, sich stärker mit den Eigenarten und Bedürfnissen der verschiedenen Industriezweige vertraut machen und auch in ihrer späteren Tätigkeit in dauernder Verbindung mit den einzelnen Wirtschaftszweigen bleiben. Gegenwärtig läßt der Zusammenhang zwischen Erzeuger- und Verbraucherbetrieben viel zu wünschen übrig. Das hat zur Folge, daß die Anstrengungen und Aufwendungen der Erzeugerbetriebe häufig in einer Richtung verlaufen, die ihre Wirtschaftlichkeit gefährdet, weil die eingehende Kenntnis der Bedürfnisse der Verbraucherbetriebe fehlt. Dieser Mangel muß sich in einer Verschlechterung des Wirtschaftlichkeitsgrades der Gesamtwirtschaft und der Einzelwirtschaften niederschlagen.

VI. Die Betriebsorganisation als Mittel wirtschaftlicher Betriebsführung.

a) Grundsätzliches.

Begriff.

Wir haben an anderer Stelle die Organisation als etwas Gewordenes und Werdendes, als die natürliche Ordnung im Sinne einer organischen Regelung aller Betriebsfunktionen im Betriebsorganismus bezeichnet. Organisation bedeutet Durchgeistigung des Betriebes und seiner Glieder, d. h. Führung in der durch Struktur- und Konjunkturwandlungen der Gesamtwirtschaft einerseits und der Betriebsmittel und -kräfte der Einzelwirtschaft andererseits gegebenen Wegrichtung. Deshalb ist das Organisieren eine Kunst, die vielseitige sachliche und persönliche Voraussetzungen bedingt.

Bedeutung der betriebswirtschaftlichen Forschung.

Die Erkenntnis des organischen Charakters der Betriebe und der gesetzmäßigen Zusammenhänge zwischen Einzel- und Gesamtwirtschaft bildet die Voraussetzung erfolgreicher Betriebs- und Wirtschaftsführung und damit jeder auf Dauererfolg eingestellten Rationalisierung. Es ist das Verdienst der *betriebswirtschaftlichen Forschung*, diese Zusammenhänge klar erkannt und den Betrieb als Zelle der Wirtschaft in den Vordergrund der Betrachtung gerückt zu haben. Diese junge Disziplin hat noch ein sehr ergibiges Arbeitsfeld vor sich, dessen Erschließung indes sehr behindert wird durch Schwierigkeiten der Materialbeschaffung und durch Widerstände der Praxis gegenüber der wissenschaftlichen Durchforschung der Betriebe. Darauf muß Rücksicht genommen werden, wenn man die bisherigen Ergebnisse der betriebswirtschaftlichen Forschung einer kritischen Betrachtung unterziehen will. Es läge im wohlverstandenen Interesse der Wirtschaft, wenn sie der Wissenschaft ihre Betriebe mehr als bisher öffnen und ihr damit Gelegenheit zur Mitwirkung an den großen Fragen der Wirtschaftsführung geben würde. Auf der anderen Seite muß die betriebswirtschaftliche Schulung noch größeren Nachdruck auf die Behandlung derjenigen praktischen Fragen legen, die die Wirtschaft am stärksten bewegen. Hier kann durch Ausbau der Seminare, vor allem durch Schaffung von *Instituten* noch sehr viel nützliche Arbeit geleistet werden, die in gleicher Weise der Schulung der akademischen Jugend und der Unterstützung der Betriebe dient und diesen vor allem das kostspielige Experimentieren erspart. Es dürfte ökonomischer sein, die *Forschungsinstitute* mit Material und Mitteln auszustatten und sie in den Stand zu setzen, der Wirtschaft praktische Dienste zu leisten, als daß die Betriebe selbst kostspielige Versuche unternehmen, die nicht immer erfolgreich sind und an vielen Stellen ohne Zusammenhang miteinander erfolgen.

Betriebskrankheiten. Arten und Entstehung.

Daß die Ergebnisse der betriebswirtschaftlichen Forschungsarbeit nur in einem relativ bescheidenen Ausmaß Eingang in die Praxis gefunden haben, lehren tägliche Erfahrungen, insbesondere die »*Betriebskrankheiten*« verschiedener Art, die sich bald hier, bald dort im Betriebsorganismus zeigen. Es kann sich hierbei um eine schwere oder um eine Erkrankung leichter Natur handeln. Die Symptome der schweren Erkrankung zeigen sich in einer Erstarrung, in einem Zerfall aller oder vieler Glieder des Betriebes und in schweren Störungen im Betriebsprozeß. In solchen Fällen fehlt gewöhnlich schon der einheitliche starke Wille, der dem Unternehmen Ziel und Richtung weist. Zwar steht die äußere Form noch, und man ist bestrebt, sie zu erhalten, trotz der hier und da auftretenden Zerfallserscheinungen. In diesem Bestreben wird häufig nach Heilmitteln fragwürdiger Natur gegriffen, und dem Betrieb werden wesensfremde Medikamente eingeflößt. Der Zerfallsprozeß im Innern läßt sich indes niemals durch derartige Mittelchen aufhalten. Hier kann nur eine *grundsätzliche Reform an Haupt und Gliedern* vermittels einer *grundlegenden geistigen Erneuernug* helfen. Das erste und wichtigste Erfordernis dabei ist die Führung, die dem Unternehmen auf Grund eingehender Erfassung seiner Struktur und in Erkenntnis der gesamtwirtschaftlichen Erfordernisse die Wege zur Gesundung weisen muß. Ob und inwieweit hierzu der gegebene Rahmen noch die Möglichkeit bietet, wird durch systematische Untersuchungen berufener Sachverständiger festgestellt werden können. Es muß dann von Fall zu Fall entschieden werden, ob eine Erneuerung und Umstellung der alten Unternehmung noch wirtschaftlich gerechtfertigt oder ob eine Auflösung in ihre Bestandteile und deren anderweitige Verwendung zweckmäßiger ist. Dieser letztere Weg wird bei Annäherung des stark geminderten Unternehmungswertes an den Liquidationswert einer langwierigen und kostspieligen Erneuerung gegenüber vorzuziehen sein.

Anders liegen die Verhältnisse und demzufolge auch die einzuschlagenden Wege in denjenigen Wirtschaftsgebilden, deren Krankheitserscheinungen leichter, d. h. akuter Natur sind. Die Symptome derartiger Krankheitserscheinungen zeigen sich in vereinzelten Disharmonien und Störungen im Betriebsablauf. Die Ursachen dieser Störungen beruhen gewöhnlich auf Spannungen zwischen den einzelnen Betriebsgliedern. Hier liegt ein Auseinanderstreben von Betriebsfunktionen vor und führt zu einer reibungsvollen Abwicklung des Geschäftsganges. Derartige Störungen können sich zunächst etwa lediglich im Fertigungsbetriebe oder nur im Verwaltungsbetriebe zeigen. Der Zusammenhang zwischen beiden kann ungenügend gewahrt sein, weil Fertigung und Verwaltung verschiedene Wege und Ziele verfolgen. Es handelt sich dann gewöhnlich um die einseitige Betonung einer bestimmten Wirtschaftlichkeitsquelle des Betriebes, entweder der technischen oder der wirtschaftlichen Ergiebigkeit. Häufig führt dieser Gegensatz zwischen der technischen und wirtschaftlichen Richtung des Betriebes zu Doppelarbeiten, zu überflüssigen Kontrollmaßnahmen uud letzten Endes zu Spannungen zwischen den beiden Seiten der Betriebsleitung, die sich allmählich auf sämtliche Betriebsorgane übertragen. Die Wirtschaftskraft und der Wirtschaftlichkeitsgrad des Gesamtbetriebes werden dadurch geschwächt. Dann ist die Gefahr schwerer Erkrankung des Betriebes in bedrohliche Nähe gerückt, wenn nicht rechtzeitig durch die oberste Unternehmungsleitung vorgebeugt wird. In ihrem Anfangsstadium pflegen sich akute Krankheitserscheinungen lediglich in einzelnen Gliedern der Fertigung oder der Verwaltung zu zeigen. Das ist dann darauf zurückzuführen, daß einzelne Glieder des Betriebsorganismus nicht den erforderlichen innigen Kontakt mit dem Gesamtbetrieb haben, weil sie ein isoliertes Eigenleben führen und sich dem Betriebsrhythmus nicht anzupassen verstanden haben. Solange es sich hierbei nur um die Minderzahl der Betriebsorgane handelt, wird die Gefahr des Auseinanderstrebens und der Spannungen im Betriebe meist rechtzeitig erkannt, da sich derartige Erscheinungen nicht lange verbergen lassen und sich je nach Art und Umfang dieser Störungsherde mehr oder weniger bemerkbar machen. Die letzte Ursache einer derartigen Entwicklung liegt immer — abgesehen von der Schwäche der obersten Leistung — in dem ungenügenden Zusammenhang der Betriebsorgane, in dem Drang nach Isolierung, in einem krankhaften Machtstreben als Folge stark entwickelten Ehrgeizes der leitenden Kräfte, die sich in ihrem Arbeitsbereich nicht auswirken können. Derartige Erscheinungen führen leicht zu Aufblähungen im Betriebsorganismus, die erfahrungsgemäß nur bei rigoroser Behandlung der Störungsquelle wieder zu beseitigen sind. Die hier einsetzenden Gesundungsmaßnahmen müssen mit dem Studium aller Betriebsfunktionen und der Abgrenzung ihrer Arbeitsgebiete beginnen. Hierbei wird es sich bald zeigen, ob und welche Funktionen einer Änderung bedürfen, damit der Betriebsorganismus auf einen *einheitlichen Rhythmus* abgestimmt wird.

Wenn man derartige akute oder chronische Krankheitserscheinungen feststellt, so liegt es nahe, kurz ihre Entstehung aus der Entwicklung der Gesamtwirtschaft heraus zu beleuchten. Der Aufstieg der deutschen Wirtschaft in den letzten Jahrzehnten vor Kriegsausbruch war ein derartig gewaltiger, daß die Wirtschaftszellen — die Betriebe — nicht immer die zur organischen Entwicklung erforderliche Zeit und Sammlung hatten. Die sich entwickelnde Vorherrschaft der Technik glaubte das Wohl und Wehe der Unternehmungen von konstruktiven Neuschöpfungen und Verbesserungen abhängig machen zu müssen. Dadurch hat sich vielfach eine Übersetzung des Konstruktionsapparates, wie beispielsweise in manchen Betrieben der Maschinen-Industrie ergeben. Oft ist ein Konstruieren um jeden Preis, ohne Rücksicht auf wirtschaftliche Bedürfnisse und Verwertung erfolgt. Erst kurz vor Kriegsausbruch ist auch der wirtschaftlichen Fertigung eine gewisse Aufmerksamkeit gewidmet worden, die dann unter dem Druck der Nachkriegszeit und dank der Aufklärung durch Ausschüsse und Verbände wesentlich gefördert worden ist [1]). Aber auch die wirtschaftliche Fertigung, soweit sie sich auf vernunftgemäße Erwägungen innerhalb des Fertigungsprozesses zu beschränken pflegt, droht in ihr Gegenteil umzuschlagen. Weite Kreise glauben immer noch, durch Abkürzung der Umlaufzeiten und durch Einstellung auf Reihen- und Massenfertigung um jeden Preis den höchsten Erfolg erzielen zu können. Dabei wird das zur Aufwärtsentwicklung der Einzel- und Gesamtwirtschaft lebensnotwendige *schöpferische* Element in Konstruktion, Organisation, Verwaltung und Fertigung vernachlässigt. Insbesondere gehen solche unter dem Begriff »wirtschaftliche Fertigung«, »Fließarbeit« usw. verlaufenden Rationalisierungen an den Gesetzmäßigkeiten der Marktwirtschaft und den

---

[1]) Hier ist vor allem auf die gründlichen Arbeiten des *AwF in Berlin* und der *Arbeitsgemeinschaft deutscher Betriebsingenieure* hinzuweisen.

daraus sich ergebenden Bedürfnissen des Betriebes gänzlich vorbei. Es ist eine typische Erscheinung, daß hierbei nur *eine Seite* des Betriebes gesehen und mit allem Eifer gepflegt wird und die anderen Seiten völlig oder nahezu übersehen werden. Dadurch müssen letzten Endes infolge der Verbundenheit von Wirtschaftszelle und Gesamtwirtschaft unerwünschte Wirkungen entstehen, die alle auch auf die wirtschaftliche Fertigung gerichteten Aufwendungen und Anstrengungen in ihr Gegenteil umwandeln. Die tiefere Ursache dieser Erscheinung ist in der starken Spezialisierung der im Wirtschaftsleben stehenden Kräfte zu suchen, eine Folge des steilen Aufstieges der deutschen Wirtschaft vor dem Kriege. Da sich auch die Ausbildungsstätten, die Fachschulen und Hochschulen den Forderungen der Wirtschaft hier mehr oder minder stark angepaßt haben, so macht sich in stärkerem Maße der Mangel an vielseitig und umfassend geschulten Persönlichkeiten bemerkbar, die sich nicht nur für Tagesaufgaben, sondern darüber hinaus für größere, weittragende Ideengestaltung eignen. Das ist auch die tiefere Ursache, daß so viel über »Rationalisierung« geredet werden muß, weil die persönlichen Vorbedingungen zur großzügigen Durchführung nicht günstig liegen. Es muß an dieser Stelle gesagt werden, daß es eine »Rationalisierung« in allen Zeiten gab, so lange Menschen überhaupt gewirtschaftet haben. Ihr Grundgedanke, ihr letztes Ziel ist *organische Betriebs- und Wirtschaftsführung*, d. h. erkenntnisbewußte Auswertung aller Gesetzmäßigkeiten, die sich aus der Betriebsstruktur und der Lage der Gesamtwirtschaft ergeben. Von größter Bedeutung ist hierbei die Erfassung des durch die weltwirtschaftlichen Zusammenhänge, die strukturellen Wandlungen und die konjunkturellen Strömungen bedingten Ausmaßes, das in Einklang gebracht werden muß mit den verfügbaren Kräften und Mitteln der Betriebe.

Einzelfragen der Betriebsorganisation.

Den bisherigen grundsätzlichen Erörterungen sollen einige konkrete Betrachtungen folgen, die die Gesetze der Organisation in plastischer Weise zum Ausdruck zu bringen versuchen. Es muß dabei gesagt werden, daß die Studien auf diesem Gebiet sich vorwiegend auf größere Betriebe beschränken, weil sich hier ein größeres Beobachtungsfeld und reichhaltigeres Beobachtungsmaterial bot. Doch treffen die daraus abgeleiteten Erkenntnisse auch für mittlere und kleinere Betriebe lediglich mit dem Unterschiede zu, daß die graduelle Bedeutung der Betriebsfunktionen eine andere ist und überdies — wie stets — mit der Zielrichtung des Unternehmens wechselt.

Zentral-Verwaltungen.

Die schnelle Ausdehnung großindustrieller Unternehmungen hat die Einrichtung besonderer zentraler Verwaltungskörper bedingt. Diesen Zentralverwaltungen liegt als Kopf, als »Generalstab der Unternehmungen« in erster Linie die Bearbeitung *wirtschaftsstrategischer* Fragen ob, die sich aus dem Standort und dem Aufgabenkreis der Betriebe und den Strukturwandlungen der Gesamtwirtschaft ergeben. Es ist somit die Eingliederung der Unternehmung in die Gesamtwirtschaft und die Anpassung an den Markt von diesem Generalstab zu behandeln. Wir haben oben — Seite 13 — in Anlehnung an die betriebswirtschaftliche Terminologie diese Quelle der Wirtschaftlichkeit als den »Marktanpassungsgrad des Betriebes« bezeichnet. Im Zusammenhang mit dieser Aufgabe steht die Kapitalwirtschaft, die sich nicht nur auf die Bereitstellung flüssiger Mittel, sondern auf die gesamte Kapitaldisposition erstreckt. Infolgedessen gehört auch die Beobachtung und Auswertung der Fortschrittsarbeiten auf wirtschaftlichem, technischem und organisatorischem Gebiet in den Arbeitsbereich der Zentralverwaltung, die damit ein Sammelbecken aller Erfahrungen und Erkenntnisse bildet. Daneben wird die laufende Untersuchung der Unternehmungsglieder auf dem Wege der Erhebungen und Ermittlungen erfolgen müssen. Hierbei braucht es sich keineswegs um die Erfassung der letzten Einzelheiten zu handeln, die den Blick von der großen Zielrichtung allzu leicht ablenken und den Unternehmungsgliedern das Bewußtsein der vollen Verantwortlichkeit rauben.

Es darf nicht verschwiegen werden, daß nicht alle Zentralkörper der industriellen Unternehmungen diesen Forderungen gerecht zu werden vermögen. Oft hat sich als Ausfluß der Kriegs- und Nachkriegszeit ein Verwaltungsmechanismus mit hohem Aufwand und zahlreichen Instanzen entwickelt, die zuweilen nur noch ihrem Namen, nicht mehr ihrem Wesen nach einen Generalstab der Unternehmung darstellen. Kontrollmaßnahmen in ewiger Wiederholung pflegen eine Hauptrolle in derartigen Verwaltungskörpern zu spielen und die Glieder der Unternehmung in Spannung zu halten. Der Nutzeffekt derartiger Kontrollarbeiten ist dann gering, wenn statische Gesichtspunkte vorherrschen und die dynamischen außer acht bleiben. Hier fehlt häufig ein tieferes Verständnis für die produktionswirtschaftlichen Belange der einzelnen Werke der Unternehmung. Es öffnet sich dann ein schwer überbrückbarer Abgrund zwischen der produktionswirtschaftlichen und der finanzwirtschaftlichen Interessensphäre. Für derartige Erscheinungen gilt sinngemäß das oben über die *Betriebs-*

krankheiten Gesagte. Es sei hier bemerkt, daß als wichtigstes Erfordernis reibungsloser Zusammenarbeit zwischen den Gliedern und dem Kopf der Unternehmung die genaueste Kenntnis der produktionswirtschaftlichen Belange in den einzelnen Stellen der Zentralverwaltung notwendig ist. Das kann nur dadurch erreicht werden, daß die Zentralverwaltungen die befähigtsten Köpfe aus den Werken aufnehmen, die den lebendigen Kontakt mit den Fabrikationsbetrieben zu halten und alle Fortschritte zu verfolgen und auszuwerten vermögen. Gewiß können derartige Persönlichkeiten nicht immer aus dem Bereich der Unternehmung gewonnen werden. Dann müssen sie aber ausreichend Gelegenheit erhalten, die Eigenarten und Bedürfnisse der Werke zu studieren. Verfehlt wäre es, in der Zentralverwaltung das Spezialistentum vorherrschen zu lassen und dadurch Spannungen und Reibungen zwischen dem Kopf und den anderen Gliedern der Unternehmung heraufzubeschwören [1]).

Eine gesunde Abgrenzung zwischen der Zentralverwaltung und den anderen Unternehmungsgliedern läßt den einzelnen Werken diejenige Freiheit und Selbstverantwortlichkeit, die zur erfolgreichen Lösung der *wirtschaftstaktischen Aufgaben* erforderlich ist. Wir rechnen in den Rahmen dieser wirtschaftstaktischen Aufgaben alle auf die Verbesserung des *Nutzungs-* und *Leistungsgrades* gerichteten Einrichtungen und Maßnahmen. Die Unternehmung als solche und ihr Kopf, die Zentrale, ist für den *Beschäftigungsgrad* ihrer Werke verantwortlich. Damit liegt der Unternehmung die Pflege derjenigen Wirtschaftlichkeitsquelle ob, die wir als »Marktanpassungsgrad« bezeichnet haben. Die Werke haben sich der Pflege der Wirtschaftlichkeitsquellen zu widmen, die wir als »technische« bzw. »wirtschaftliche Produktivität« der Betriebe gekennzeichnet haben. Aus dieser grundsätzlichen Abgrenzung der Aufgaben folgt die Beobachtung der verschiedenen Wirtschaftlichkeitsfaktoren innerhalb des einzelnen Werkes. Die Werke werden vermittels laufender Wirtschaftlichkeitsmessungen den Nutzungsgrad ihrer Betriebsstellen kurzfristig verfolgen, damit sie Abstimmungen zwischen den Betriebsgliedern vornehmen und der Unternehmung als Beobachtungsmaterial für eine Regulierung des Beschäftigungsgrades übermitteln können. Auch der Leistungsgrad der Betriebskräfte kann nur von den Werken selbst beobachtet und untersucht werden. Das Leistungsoptimum ist jeweils verschieden, weil es nicht nur von den im Beschäftigungsgrad sich niederschlagenden absatzwirtschaftlichen,

---

[1]) Vgl. *Hellwig*: »Neuzeitliche Selbstkostenberechnung«, Seite 18 ff., Berlin 1923; derselbe: »Organische Betriebsdisposition, Seite 117 ff., Berlin 1925.

sondern auch von kapitalwirtschaftlichen Momenten abhängig ist, die durch die Betriebsstruktur und die Betriebsaufgabe gegeben sind. Es ist notwendig das zu betonen, weil trotz der naturbedingten Verschiedenheiten der Werke einer Unternehmung an Hand statistischer Messungen »Urteile« entstehen, die diesen Verschiedenheiten nicht gerecht werden. Beispielsweise glaubte man in einer Zentralverwaltung, aus den Kostenrelationen der Produktionsfaktoren auf den Gütegrad der Betriebsführung der einzelnen Werke schließen zu können, obgleich das eine Werk auf laufende Massenfabrikation typisierter Gegenstände, ein anderes dagegen auf Sonder- und Einzelfertigung, wieder ein anderes auf Reihenfertigung und ein letztes auf gemischte Fertigung eingestellt war. Es bedarf nach den früheren Darlegungen nun keiner Beweisführung mehr, daß diese verschiedenen Zielrichtungen innerhalb eines Konzerns zu verschiedenen Strukturbildungen der Betriebe, zu andersgerichteten Wegen der Betriebs- und Wirtschaftsführung führen müssen. Demzufolge ist es auch abwegig, einzelne Kostenelemente isoliert zu betrachten, etwa die Betriebslöhne, Betriebsmaterialien, Energiekosten, Verwaltungskosten usw. und sie mit den entsprechenden Kostenelementen anderer Werke zu vergleichen. Derartige primitive Bestrebungen übersehen völlig die kausalen Zusammenhänge der Betriebswirtschaft und verraten eine rührende Unkenntnis der Vorgänge, Funktionen und Erscheinungen im Betriebsleben. Wenn aus derartigen Fehlschlüssen, noch dazu in einer Zentralverwaltung, wichtige Maßnahmen abgeleitet werden, so haben diese einen zersetzenden und zerstörenden Charakter und gefährden die Unternehmung. Es muß in diesem Zusammenhang darauf hingewiesen werden, daß sich u. a. auch *Vergleichsziffern der Leistungsgrade* nicht ohne weiteres auswerten lassen. Die Unterschiede in der natürlichen Veranlagung, in den Fähigkeiten der Bevölkerung, in standortlichen Bedingungen usw. führen zu erheblichen Abstufungen im Leistungsgrad, die den Wirtschaftlichkeitsgrad des Betriebes beeinflussen.

Fabrikationsprogramm.

Eine der wichtigsten Teilgebiete der Betriebsorganisation ist das oben, Seite 20, behandelte *Fabrikationsprogramm*, das den Ausgangspunkt aller dispositiven und organisatorischen Maßnahmen bilden muß [1]). Dieses Programm — als Kombination der absatz- und produktionswirtschaftlichen Momente — muß in erster Linie den Markterfordernissen

---

[1]) Vgl. Fabrikationsprogramm im Handwörterbuch der Betriebswirtschaft, herausgegeben von Prof. Dr. Nicklisch, Berlin. C. E. Poeschel Verlag, Stuttgart 1927.

Rechnung tragen. Um die Inanspruchnahme der Produktionsmittel und Arbeitskräfte des Betriebes — den Beschäftigungsgrad — erkennen zu können, ist eine Gliederung der Aufträge nach Produktionsfaktoren und Produktionselementen — Auftragsanalyse — erforderlich. Daraus folgt die durch den Absatz gegebene zeitliche Inanspruchnahme der Betriebseinrichtungen und Arbeitskräfte. Im Interesse der technischen Produktivität des Betriebes, der reibungslosen Abwicklung des Fertigungsprozesses und eines optimalen Nutzungs- und Leistungsgrades liegt es, das Fertigungsprogramm möglichst langfristig aufzustellen. Dabei darf indes nicht übersehen werden, daß die zeitliche Bemessung des Fertigungsprogrammes doch in erster Linie von dem jeweiligen *Marktcharakter* der Erzeugnisse abhängig ist. Bei typisierter Reihen- und Massenfertigung — unter stetigen Absatzverhältnissen — wird sich ein bestimmter Standardbedarf ergeben, der sich in einem langfristigen Fertigungsprogramm erfassen läßt. In einem solchen Falle ist der denkbar günstigste Boden für die Verbesserung der technischen Produktivität gegeben, weil sich technische und organisatorische Maßnahmen nach eingehender Vorbereitung in einem längeren Zeitraum besser und klarer auszuwirken vermögen. Unter diesen stetigen Absatzbedingungen kann ein gleichmäßig hoher Nutzungs- und Leistungsgrad und eine höhere technische Produktivität erreicht werden als in anders gelagerten Betrieben der beweglichen Spezialfertigung, wo eine kurzfristige Umschaltung durch absatzwirtschaftliche Momente geboten ist. Hier kann der Nutzungs- und Leistungsgrad und damit die technische Produktivität des Betriebes nur eine bescheidenere Höhe erreichen; der Marktanpassungsgrad und die wirtschaftliche Produktivität sind hier von weit stärkerem Einfluß auf den Wirtschaftlichkeitsgrad des Betriebes als jene.

Diesen verschiedenen, aus dem Marktcharakter des Betriebes gegebenen Vorbedingungen muß sich auch die *Arbeitsvorbereitung* anpassen, will sie den Wirtschaftlichkeitsgrad des Gesamtbetriebes günstig beeinflussen. Bei durchgängiger, auf umfassenden Arbeits- und Leistungsstudien aufgebauter Arbeitsvorbereitung ergibt sich die optimale Leistung des Betriebes aus der Summe der Einzelleistungen der Betriebsstellen. Wo genaue Leistungswerte nicht vorliegen, müssen Erfahrungswerte verwendet werden; grundsätzlich muß aber die Ermittlung und Kontrolle der Einzelleistungen erstrebt werden, weil erst daraus wirkungsvolle, die Zusammenhänge berücksichtigende Maßnahmen abgeleitet werden können. Erst dann läßt sich erkennen, ob *Leistungsspannungen* in den Betrieben vorliegen, auf welchem Wege und mit welchen Mitteln eine Abstimmung und Angleichung der Betriebsstellen vorzunehmen ist. Je größer das *Leistungsgefälle* innerhalb des Betriebes ist, um so niedriger wird der Wirtschaftlichkeitsgrad, mindestens der technische Wirtschaftlichkeitsgrad, liegen. Deshalb soll schon das *Fertigungsprogramm* soweit wie möglich gegliedert sein und die durch den Auftragsbestand gegebene Belastung der Unterbetriebe und der Betriebsstellen erkennen lassen. Dann bedeutet das Fertigungsprogramm die einheitliche Anweisung für alle Betriebsorgane, die das Zusammenwirken der Betriebsfunktionen und damit den Betriebsrhythmus bestimmt. Daß bei der Aufstellung des Fertigungsprogramms ein Zusammenwirken aller für die Wirtschaftlichkeit des Betriebes verantwortlichen Betriebsorgane notwendig ist, wobei insbesondere *Arbeitsvorbereitung und Betriebsrechnung* zu Wort kommen müssen, bedarf keiner besonderen Erwähnung mehr.

Arbeitsverteilung und -Überwachung.

An das Fertigungsprogramm schließt sich der *Arbeitsverteilungsplan* an, der eine Zusammenfassung gleichartiger Arbeitsgänge darstellt. Bei der typisierten Reihen- und Massenfertigung ergibt sich diese Zusammenfassung aus den *Lager-*, bei der Spezialfertigung aus den *Kundenaufträgen,* soweit nicht für die genormten Einzelteile der Fertigerzeugnisse eine Vorratsfertigung nötig und möglich ist. In letzterem Falle wird stets zu überlegen sein, ob die gleichzeitige Fertigung genormter Bestandteile von Spezialerzeugnissen den Wirtschaftlichkeitsgrad der Fertigung zu erhöhen vermag oder ob die dadurch entstehenden Zinskosten und Entwertungsverluste eine Vorratsfertigung verbieten. Es ist anzustreben, für alle typisierten Erzeugnisse *Stamm- d. h. Grundkarten* aufzustellen, die sämtliche konstruktions- und fertigungstechnischen Daten enthalten und deren Werdegang bestimmen. Hierher gehören Angaben über Art, Menge und Abmessungen der *Werkstoffe,* Zahl und Art der in Frage kommenden *Arbeitsstunden* und der zugehörigen *Betriebs- oder Kapitalstunden.* Derartige Stammkarten werden zweckmäßig durch die Arbeitsvorbereitung (Arbeitsbüro) ausgestellt, weil hier der Niederschlag aller fertigungstechnischen und arbeitsorganisatorischen Werte vorliegt und die laufende Ergänzung als Grundbedingung planmäßiger Fertigung am sichersten erfolgen kann. Man wird diese Stammkarten allen Betriebsorganen übermitteln, vor allem der Konstruktion, der Fertigung, der Beschaffung, dem Lager, den Werkzeug- und Modellabteilungen, der Kontroll- und Rechnungsabteilung. Der Inhalt der Stammkarten gilt *als Gesetz,* das auch die

Grundlage für sämtliche Arbeitsunterlagen — Werkstoff-, Arbeits-, Ablieferungsscheine usw. — bildet. Arbeitsunterlagen werden nur von der Arbeitsvorbereitung (Arbeits- bzw. Betriebsbüro) ausgefertigt und von da aus den an der *Einleitung* des Produktionsprozesses beteiligten Beschaffungsstellen übermittelt. Die *Form dieser Arbeitsunterlagen* muß sich nach dem Charakter und dem Aufbau der Erzeugnisse richten. Bei der *Einzelfertigung* kann in vielen Fällen die von der Konstruktionszeichnung getrennte *Stückliste* als Unterlage für den Werkstoffbezug — bei vorheriger Bereitstellung in den Werkstofflagern — Verwendung finden; sie dient in gleicher Weise auch der Kalkulation. Bei der *Reihen- und Massenfertigung* werden zweckmäßigerweise besondere Bezugscheine verwendet, weil die in der Stückliste enthaltenen Einzelmengen noch mit der mengenmäßigen Arbeitsvorgabe multipliziert werden müssen. Auf dem Arbeitsschein müssen Angaben über Arbeitsgänge, Gruppe des Arbeitenden, über die Art der Betriebsmittel (Art und Größe der Arbeitsmaschine), Art und Nummer des Werkzeuges usw. enthalten sein. Diese Arbeitsunterlagen werden den Fertigungsstätten erst dann übermittelt, wenn die Werkstoffe und Werkzeuge beschafft und bereitgestellt sind. Es ist unzweckmäßig, den Werkstätten lange vor Inangriffnahme der Arbeit Arbeitsunterlagen zu übermitteln, die nur eine Belastung bedeuten. Das Eintreffen der Arbeitsunterlagen in den Fertigungsstätten soll schon das Signal zur Arbeitsvorgabe bedeuten. Der Meister soll auch dadurch von der Verwaltungsarbeit möglichst entlastet werden, weil die von ihm geleistete Verwaltungsarbeit sehr kostspielig und meist unvollkommen ist und ihn der Fertigung entzieht. Natürlich läßt sich dieser Grundsatz nur sinngemäß durchführen.

In den Betrieben der beweglichen Spezialfertigung kann — wie oben, Seite 39/40, ausgeführt — die zentrale Arbeitsvorbereitung nicht so weit in Einzelheiten dringen wie in der typisierten Reihen- und Massenfertigung; ihre Wirksamkeit endet in der Spezialfertigung im Meisterbüro, wo dann eine bestimmte Verwaltungsarbeit geleistet werden muß. Es ist oft unwirtschaftlich, einen Grundsatz bis zur letzten Konsequenz durchzuführen und ohne Rücksicht darauf, ob die durch die Struktur des Betriebes gegebenen fertigungstechnischen Vorbedingungen die gleichen sind. Natürlich wird auch in der typisierten Reihen- und Massenfertigung eine gewisse Verwaltungsarbeit der unteren Betriebsstellen nicht ganz zu vermeiden sein. Die Arbeitsunterlagen müssen z. B. zweckmäßig, d. h. nach Arbeitsplätzen und Betriebsstellen und innerhalb dieser nach den vorgeschriebenen Lieferungsterminen registriert werden, damit der Meister den genauen Beschäftigungs- bzw. Belastungsgrad seiner Werkstätte kennt. Ob zur Erhöhung dieser Übersicht weitere Hilfsmittel in Form von Übersichtstafeln, Diagrammen usw. erforderlich sind, hängt von Umfang und Charakter des Fertigungsprozesses ab. Eine in der typisierten Reihen- und Massenfertigung in Frage kommende zentrale Arbeitsvorbereitung wird auf derartige Übersichten im Arbeitsbüro selbst keinesfalls verzichten und diese gegebenenfalls auf die Arbeits- und Maschinengruppen der einzelnen Werkstätten ausdehnen. Bei der dezentralisierten Arbeitsvorbereitung in Betrieben der Sonder- bzw. Einzelfertigung müssen diese genaueren Belastungsübersichten von den einzelnen Werkstattabteilungen selbst geführt werden, während das Arbeitsbüro sich auf die Verfolgung des Werdeganges der einzelnen Gegenstände beschränken kann. Je nach dem Fertigungscharakter wird demzufolge die Arbeitsvorbereitung und Arbeitsführung verschiedene Wege gehen müssen, will sie der Betriebsaufgabe und Betriebsstruktur gerecht werden und dem obersten Gesetz der Wirtschaftlichkeit dienen.

Arbeitsdaten.

Die im Zusammenhang mit den Stamm- oder Arbeitskarten von der Arbeitsvorbereitung ausgefertigten Arbeitsunterlagen stellen *Soll-Werte* dar, die dem durch Arbeits- und Zeitstudien ermittelten *Optimum* entsprechen. Demzufolge bedeuten sie bei Einsetzung von Grundwerten[1]) die Grundlage für die Kostenrechnung. Wenn durch Umstände irgendwelcher Art, z. B. durch Betriebsstörungen, Materialfehler (spröder Guß und dgl.), Fehlarbeiten, Umdispositionen zur Einhaltung der Lieferverpflichtungen (Benutzung größerer Arbeitsmaschinen), Verwendung anderer Werkstoffe zwecks Verminderung der Lagerhaltung usw., *Mehraufwendungen* entstehen, so müssen diese zwangsläufig auf besonderen Arbeitsunterlagen ersichtlich gemacht und allen Stellen zur Kenntnis gebracht werden. Dadurch wird erreicht, daß der von der Arbeitsführung vorgeschriebene Produktionsweg eingehalten bzw. jede Abweichung unter Darlegung der Ursachen kenntlich gemacht wird. Auf der einen Seite bietet sich hierdurch die Möglichkeit einer Vervollkommnung und Kontrolle der Arbeitsvorbereitung und des Fertigungsbetriebes und auf der anderen Seite die Gewähr kostenmäßiger Erfassung aller von den Grundwerten abweichenden Sonderaufwendungen. Deshalb müssen sich derartige Sonderaufwendungen schon

[1]) Siehe Seite 81—85.

äußerlich von den festgelegten Grund-Aufwendungen unterscheiden und von der Arbeits- bzw. Betriebsleitung genehmigt werden. Eine tabellarische und graphische Erfassung dieser Sonderaufwendungen unter Gliederung nach Ursachen eröffnet den Weg zu weiteren Betriebsverbesserungen, die insbesondere auf die künftige Vermeidung oder Verminderung derartiger Sonderaufwendungen hinzielen. Das ist insbesondere dann wichtig, wenn es sich bei diesen Sonderaufwendungen um Verluste handelt, die nicht als Kostenbestandteile gelten können. Erfahrungsgemäß spielen derartige Sonderaufwendungen eine erhebliche Rolle; sie stellen unsichtbare und deshalb um so gefährlichere Verlustquellen dar. In ähnlicher Weise werden auch die Arbeits- und Maschinenzeiten analysiert, auch wenn sie im Hinblick auf die gegebenen Betriebsverhältnisse in technischer und organisatorischer Hinsicht notwendige Aufwendungen darstellen und in ihrer vollen Höhe von der Arbeitsvorbereitung eingesetzt werden müssen. Erst die Analyse der Kostenfaktoren, insbesondere der Arbeits- und Maschinenstunden, gibt einen genaueren Einblick in die betriebswirtschaftlichen Zusammenhänge und zeigt die Wege zur Verbesserung des Wirtschaftlichkeitsgrades. Hier ist insbesondere der Anteil der durch das Einrichten, die Zurichtung und die organisatorische Vorbereitung bedingten *festen* Arbeitszeiten nachzuweisen, damit die Möglichkeit einer wirtschaftlichen Arbeitsvorgabe im Zusammenhang mit der absatzwirtschaftlichen Frage untersucht werden kann. Wenn auch seitens der Betriebsleiter immer darauf hingewiesen wird, daß es sich bei den festen Kosten um fertigungstechnisch bedingte Größen handle, die als „produktive Kosten" aufzufassen wären und im Verkaufspreis als solche erscheinen, so wird diese Auffassung doch nicht der Auswirkung auf die Kosten gerecht und übersieht die mit der Preisstellung zusammenhängenden Absatz- und Beschäftigungsmöglichkeiten. Es braucht in diesem Zusammenhang nur angedeutet zu werden, daß der auf dem Wege günstiger Kostenentwicklung verbesserte Beschäftigungsgrad auch den Nutzungsgrad der Betriebsmittel, meist auch den Leistungsgrad der Arbeitskräfte und somit den Wirtschaftlichkeitsgrad des Betriebes zu verbessern vermag.

Terminwirtschaft.

Die *Terminwirtschaft* als integrierender Bestandteil der Betriebsorganisation ist in ihrer Gestaltung und Auswirkung von dem oben gekennzeichneten Fertigungscharakter des Betriebes abhängig. Wenn in Betrieben der typisierten Reihen- und Massenfertigung die zentrale

Arbeitsvorbereitung die letzte Arbeitsgruppe und schließlich die letzte Arbeitsstelle erfaßt hat, so kann das periodisch aufzustellende Fertigungsprogramm in seiner letzten und vollkommensten Form gleichzeitig das Arbeitsprogramm des Gesamtbetriebes und seiner Glieder darstellen. Es ist dann im Zusammenhang mit den durch die Kundenaufträge vorgeschriebenen Zeit- und Endterminen lediglich eine zentrale Verfolgung des Produktionsablaufs mittels Übersichtstafeln im Arbeits- oder Betriebsbüro notwendig, sofern man nicht auch auf diese Art der Terminkontrolle durch zwangläufige Erfassung der Abweichungen verzichten kann. Es trifft hier das gleiche zu, was oben bezüglich der Soll- und Ist-Aufwendungen für Werkstoffe, Arbeits- und Maschinenstunden gesagt wurde. In dem Maße aber, wie eine straffe Arbeitsvorbereitung und -führung im Hinblick auf den Fertigungscharakter möglich und zweckmäßig ist, werden Soll- und Ist-Termine übereinstimmen und demzufolge eine Registrierung oder Nachkalkulation der Einzel- und Endtermine überflüssig machen. Das ist vor allem bei derjenigen Arbeitsführung der Fall, die wir als reine Fließarbeit zu bezeichnen pflegen, d. h. bei der die Arbeitsgänge in »örtlich fortschreitender, lückenloser Folge ineinandergreifen [1]«. Hier haben große Terminbüros, auch »Progreßbüros« genannt, keine Existenzberechtigung, weil sie nur eine überflüssige Registrierung des Fertigungsablaufs vornehmen, der kaum ein Wert beizumessen ist. Allgemein sollte überhaupt, soweit der Fertigungscharakter das zuläßt, angestrebt werden, die Arbeiten an den *Anfang des Betriebsprozezzes* zu stellen, weil dadurch der Wirtschaftlichkeitsgrad der Betriebsfunktionen meist verbessert wird. Die hier anzustellenden Erwägungen sind sinngemäß die gleichen, wie sie für die Gestaltung und Abgrenzung jeder Arbeitsführung in Frage kommen. Eine besondere Aufgabe der Terminwirtschaft bleibt es, die *Störungsquellen* im Fertigungsprezeß zu beobachten und in Zusammenarbeit mit der Arbeitsführung zu beseitigen. Aus einer längeren Verfolgung dieser Erscheinungen, wie sie beispielsweise durch Betriebsstörungen, Materialfehler, Maschinenbruch, Krankheiten der Arbeiter, Streiks und Aussperrungen usw. zu entstehen pflegen, läßt sich der Anteil dieser Verlustzeiten bestimmen. Daraus ergibt sich die Möglichkeit, in einem bestimmten, durch die Betriebsstruktur begrenzten Ausmaß auf eine Verringerung dieser Verlustzeiten hinzuwirken, mindestens aber den Einfluß dieser irrationalen Momente festzustellen. Je schärfer die Erfassung und Begrenzung dieser Momente ist, um so

[1]) *Fließarbeit,* Sammelwerk, herausgegeben im Auftrage des RKW von Mäckbach und Kienzle.

genauer kann auch die Terminbestimmung arbeiten, um so weniger werden Abweichungen zwischen Soll- und Ist-Terminen in Erscheinung treten. Daß es sich hierbei um eine für alle Betriebe und für die Gesamtwirtschaft wichtige Frage handelt, braucht nicht besonders betont zu werden. Die häufigen Klagen über Lieferungsverzögerungen werden zu einem großen Teil verstummen, wenn jeder Betrieb nicht nur Klarheit über seine Lieferverpflichtungen und Liefermöglichkeiten, sondern auch über die durch die Struktur seines Betriebes bedingten Abweichungen hat und planmäßig versucht, die Spannungen zwischen Soll- und Ist-Terminen zu verringern [1]).

Transportwesen.

Aus der Fülle der Teilgebiete der Betriebsorganisation sei lediglich noch ein wichtiges Gebiet herausgehoben: das *Transportwesen*. Die neueren Reformbestrebungen in industriellen Betrieben, wie Heranziehung besonderer Fachleute usw., zeigen, daß über die Bedeutung des Transportwesens für die Wirtschaftlichkeit des Betriebes fast Einmütigkeit herrscht. Meinungsverschiedenheiten bestehen bezüglich der anzuwendenden Mittel und Wege. Vielfach wird auch hier das Hauptgewicht der Reformmaßnahmen allzusehr auf *maschinelle Transportmittel* gelegt. Dabei wird die Wirtschaftlichkeit derartiger Maßnahmen nicht immer mit der erforderlichen Aufmerksamkeit behandelt. Die der Beschaffung von maschinellen Transportmitteln, wie überhaupt von irgendwelchen Anlagen vorausgehenden Wirtschaftlichkeitsberechnungen pflegen von der Möglichkeit der Ersparnisse an Zeit und Arbeitskosten auszugehen; sie berücksichtigen indes selten, ob bei der gegebenen Betriebsstruktur eine volle Nutzung, eine wirtschaftliche Auswertung der Einrichtungen gewährleistet ist. Auch der hier und da vorhandene Verkehrsplan stellt noch häufig eine starre Regelung mit geringem wirtschaftlichen Nutzen dar. Der Arbeitsplan der Transportmittel und Transportkräfte kann nur im Zusammenhang mit dem Fertigungsprogramm und dem daraus abgeleiteten Arbeitsprogramm des Gesamtbetriebes und seiner Glieder aufgestellt werden. Daraus ergibt sich erst die mengenmäßige und zeitliche Regelung in der Zufuhr von Werkstoffen, Betriebsmitteln, Teil- und Fertigerzeugnissen an die einzelnen Betriebsstellen. Zweckmäßigerweise wird deshalb die gesamte Transportregelung auch der Arbeitsvorbereitung und Arbeitsführung anzugliedern sein, um auf diese Weise eine Gewähr für die

---

[1]) Vgl. *Hellwig*: »Organische Betriebsdisposition«, Seite 121—125, derselbe: »Verlustquellen der Wirtschaft«, in Deutsche Bergwerks-Zeitung, 1927.

termingerechte Durchführung des Produktionsablaufs zu haben. Auch die Organisation der Transportarbeiten *innerhalb* der Betriebsstätten muß sinngemäß den gleichen Grundsätzen angepaßt werden. Eine *zentrale* Zusammenfassung der Transportarbeiter wird dann zweckmäßig sein, wenn es sich um die Weiterleitung großer Werkstücke in unbestimmten Zeitabständen handelt. Dagegen wird eine *Verteilung* der Transportkräfte auf die Unterbetriebe, gegebenenfalls auf die einzelnen Werkstätten vorzuziehen sein, wenn durch den Fertigungscharakter eine kontinuierliche Weiterleitung innerhalb der Werkstätten und des Betriebes erfolgen kann.

Lagerorganisation.

Auf die grundsätzlichen Fragen, die sich aus der *Beschaffungswirtschaft* ergeben, sind wir oben, Seite 21/24, näher eingegangen. Bei der Gestaltung und örtlichen Anordnung der *Haupt-, Hilfs- und Teillager* ist der Umstand entscheidend, ob und in welchem Maße die reibungslose Zufuhr der Werk- und Hilfsstoffe den Wirtschaftlichkeitsgrad der Fertigung zu beeinflussen vermag. Auch hier darf deshalb nicht die Durchführung eines bestimmten Grundsatzes — Zentralisierung oder Dezentralisierung, Anreicherung oder Verminderung der Lager — entscheidend sein, sondern die Bedeutung und Aufgabe der Lagerwirtschaft im Rahmen des Gesamtbetriebes. Die Aufgabe der Lagerstellen ergibt sich aus dem oben erörterten Fertigungs- und Arbeitsprogramm der Betriebsstellen und aus den Arbeitsunterlagen der Fabrikationsstätten im Einzelnen. Die Lagerverwaltungen haben daher bestimmte Funktionen innerhalb des Betriebsprozesses, von deren termingerechter Erfüllung der reibungslose Produktionsablauf abhängt. Es muß deshalb mit dem Vorurteil gebrochen werden, als ob es sich bei diesen Betriebsgliedern um »unproduktive«, um »Unkostenabteilungen« handle. Entscheidend für die Bedeutung eines Verwaltungsgliedes ist nur die *Produktivität*, die es im Rahmen der Wirtschaftlichkeit des Betriebes erreicht. Lediglich nach diesen sachlichen Erwägungen kann auch die Ausgestaltung der einzelnen Betriebsglieder und ihrer Funktionen erfolgen. Es darf nicht unter dem Gesichtspunkt »Sparsamkeit« eine Verminderung der Lager- und Transport-Arbeiter und anderer Hilfsarbeiter unter dasjenige Maß stattfinden, das durch den optimalen Wirtschaftlichkeitsgrad der Fertigungsstätten bedingt wird. Die Einsparung an »Unkosten« kann zur Verschlechterung der Produktivität einzelner Betriebsstellen und schließlich des gesamten Betriebes führen, wenn deren Einfluß auf sämtliche Betriebsorgane und -funktionen nicht genügend beachtet wird.

b) Ergebnisse der Betriebs-Untersuchungen.

Nachstehend sollen nur noch diejenigen besonderen Ergebnisse der Betriebs-Untersuchungen erörtert werden, die in den früheren Ausführungen noch keinen Niederschlag gefunden haben.

Allgemeine Beobachtungen.

Im allgemeinen kann festgestellt werden, daß das Interesse der Unternehmungen an einer Vervollkommung ihrer Betriebsorganisation mit dem wachsenden Konkurrenzdruck steigt. Dann pflegt sich die Erkenntnis durchzuringen, daß eine klare auf den Betriebsorganismus abgestellte Ordnung der Funktionen ein wichtiger Bestandteil wirtschaftlicher Betriebsführung ist. Zweifellos hat dieser Umstand sehr zur *inneren Festigung der Unternehmungen* und *zur Erhöhung des Unternehmungswertes* beigetragen. Da der Unternehmungswert nicht der Gesamtheit der einzelnen Vermögenswerte entspricht, sondern je nach der Unternehmungsstruktur erheblich über oder unter dem Realienwert liegen kann, so leuchtet ein, daß hieran der Gütegrad der Betriebsorganisation einen wesentlichen Anteil hat. Daraus folgt, daß Aufwendungen für die Entwicklung und Verbesserung der Betriebsorganisation nicht »unproduktive« sind, sondern daß sich ihr Gegenwert nach einer gewissen Zeit in einem Unternehmungs-Mehrwert niederschlagen muß.

Innen- und Außen-Organisation.

Bei näherem Studium der Betriebsorganisation zeigt sich, daß in einem Unternehmen der Nachdruck auf *Innenorganisation*, in einem anderen auf *Außenorganisation* gelegt wird. Die Innenorganisation ist dann von überragender Bedeutung für den Wirtschaftlichkeitsgrad des Betriebes, wenn der Kostenanteil der Produktionsfaktoren »Arbeit« und »Anlagekapital« an der Gesamtleistung überwiegend ist; hier spielen demzufolge Nutzungs- und Leistungsgrad eine erhebliche Rolle im Rahmen des Gesamterfolges. Das ist vornehmlich in den Betrieben der *Metallindustrie* der Fall, besonders da, wo die Marktentwicklung eine stetige ist. Anders verhält es sich in den Betrieben mit einem überwiegenden Werkstoffanteil an der Betriebsleistung, vor allem dann, wenn der Beschaffungs-, aber auch der Absatzmarkt starken Schwankungen unterliegt. Hierher gehören vornehmlich die Betriebe der Nahrungs- und Genußmittel, der Bekleidungsindustrie, der Luxuswaren und andere. In Betrieben dieser Art muß ein erheblicher Teil des Betriebskapitals Propagandazwecken dienen, möglichst so lange, bis die Erzeugnisse zu Markenartikeln gestempelt sind; von diesem Augenblick an erbringt das Propagandakapital eine meist sehr hohe Rente, während sein Wirkungsgrad vorher sehr gering sein kann. Es hängt naturgemäß mit den hier auf die Absatzbeeinflussung und die Absatzorganisation gerichteten Anstrengungen zusammen, daß der Innenorganisation und damit der Fertigungstechnik eine geringere Aufmerksamkeit gewidmet wird. Teilweise trägt hier die Betriebsführung einen rein empirischen Charakter. Das fällt besonders in sehr großen und weltbekannten Unternehmungen auf, deren Verkaufsorganisation nach neuesten Methoden ausgebaut ist, deren Fertigungswirtschaft aber einen recht unvollkommenen Charakter trägt. Man glaubt hier die Innenorganisation, den Innenbetrieb überhaupt, zugunsten des Außenbetriebes vernachlässigen zu dürfen. Es bieten sich in derartigen Betrieben eine Reihe von Verbesserungsmöglichkeiten, d. h. Erhöhung der *technischen* Produktivität durch Verbesserung des Nutzungsgrades der Anlagen und der *wirtschaftlichen* Produktivität durch sorgfältige Auswahl, Prüfung und Beschaffung der Werkstoffe und Arbeitsmittel. Gewöhnlich fehlt es in diesen Betrieben aber an Persönlichkeiten, denen die systematische Überwachung und Verbesserung des Innenbetriebes obliegt. Hier herrscht der »Fachmann« vor, der über besondere Branchenkenntnisse und Erfahrungen in dem betreffenden Wirtschaftszweig verfügt. Diese Beobachtungen treffen vornehmlich zu in Betrieben der Nahrungs- und Genußmittel-, der Farben-, Seifen-, Holzwaren-Industrie usw. Der moderne Ingenieur und Kaufmann haben nur im geringen Maße Eingang in diese Industriezweige gefunden; sie fehlen gänzlich in mittleren und kleineren Betrieben. Der Zwang zur gesteigerten Wirtschaftlichkeit wird indes auch in diesen Betrieben zu einer Wandlung führen und dem Wirtschaftler und Ingenieur ein Feld fruchtbarer Betätigung öffnen. Die Unternehmer werden hierbei erkennen, daß der beste und erfolgreichste Weg planmäßiger Verbesserung der Betriebe immer in der Ansetzung hochwertiger, geschulter *Persönlichkeiten* liegt; andererseits werden Kaufmann und Ingenieur die Besonderheiten dieser Betriebe studieren und sich auf dem Wege ausgiebiger praktischer Betätigung die erforderlichen Fach- und Branchenkenntnisse aneignen müssen.

Auf die vorkommenden »Betriebskrankheiten«, die sich in akuten oder chronischen Störungen des Betriebsprozesses äußern, ist oben, Seite 57/60, eingegangen worden. Im Anschluß daran braucht hier nur auf eine typische Erscheinung hingewiesen zu werden. Infolge Vernachlässigung der betrieblichen Zusammenhänge, insbesondere der Kostenanteile der Produktionsfaktoren, wird mit der Umstellung häufig an einer unwichtigen Stelle begonnen. Infolgedessen bleibt den Aufwendungen und Anstregungen der erwartete Erfolg versagt. Auch in den auf planmäßige Betriebsführung eingestellten Unternehmungen wird zuweilen nur *ein Untergebiet* der Betriebsorganisation entwickelt, etwa nur das Bestellwesen, das Terminwesen oder das Transportwesen, ohne daß aber bei dessen Umstellung auch die davon berührten anderen Teilgebiete herangezogen werden. Beispielsweise wird das Transportwesen modernisiert ohne entsprechende Anpassung der Lagerverwaltung. Oder man entwickelt die Arbeitsorganisation, ohne deren Ausstrahlungen auf die Betriebsrechnung zu sehen. Hier liegt dann ein einseitiges Interesse an einem Teilgebiet der Betriebsorganisation vor, durch dessen Verbesserung ein günstigeres Gesamtergebnis erhofft wird. Darin liegt wieder eine Wirkung der Spezialisierung, die sich bei der Durchführung von grundlegenden Umstellungen sehr hinderlich bemerkbar macht. Sie führt leicht zur Überwucherung bestimmter Einrichtungen, die sich in irgendeinem Betriebe vielleicht bewährt haben, die aus dem Zusammenhang gerissen indes eine andere Wirkung als beabsichtigt ergeben. Besonders in der Verwaltung industrieller Großbetriebe kann man die Beobachtung machen, daß es den mit der Durchführung organisatorischer Umstellungen betrauten Persönlichkeiten viel zu sehr auf den *äußeren Anstrich* ankommt, der ihnen wichtiger zu sein scheint als der innere Gehalt, als die Festigung und Verbesserung des gesamten Betriebsorganismus, dessen Grundlage vielmehr in der harmonischen Eingliederung der Betriebsorgane, in ihrer charakteristischen Ordnung und in der Abstimmung ihrer Funktionen liegt. Eine natürliche Folge dieser abwegigen Einstellung sind Doppelarbeiten und Verlustzeiten. Die »Organisatoren« dieser Betriebe sind so lange unbelehrbar, bis der absinkende Wirtschaftlichkeitsgrad des Betriebes — oft zu spät — auch dem Blinden die Augen öffnet. Die Mißerfolge in der Rationalisierung liegen meist an der falschen Wegrichtung und der Wahl der Mittel, ferner an dem Fehlen eines auf längere Sicht eingestellten Planes über Umfang und Ziel der gesamten Reorganisation. Es kommt hinzu, daß es an Wirtschaftlichkeitsmessungen mangelt, die eine Beurteilung der getroffenen Maßnahmen ermöglichen und ihre Auswirkung auf den Wirtschaftlichkeitsgrad des Betriebes erkennen lassen.

Einzel-Beobachtungen.

Von Einzelbeobachtungen dürften nachfolgende erwähnenswert sein: Fertigungsprogramm und Betriebsetat sind besonders in den mittleren Unternehmungen sehr unvollkommen ausgebildet. Es fehlt hier vor allem an der Auftragsanalyse, an Belastungsübersichten, an Leistungsstudien. Zwar werden diese Vorarbeiten — ganz oder teilweise — an irgendeiner Stelle des Betriebes geleistet, aber dann nur provisorisch für diesen oder jenen einzelnen Fall und nicht planmäßig. Dazu kommt der Widerstand derjenigen Stellen, denen eine Betriebsführung nach überkommenen Regeln bequemer ist als eine planmäßige, auf klarer Erkenntnis aufbauende Wirtschaftsführung. Trifft man doch häufig die Befürchtung an, daß jede Planmäßigkeit den Wert der leitenden Personen herabsetzen, ihre Bedeutung und damit ihren Machtbereich verringern könnte. Diese allzu menschlichen Momente sind es, die gegenwärtig in Deutschland die Entwicklung der wirtschaftlichen Betriebsführung stark hemmen. Von Seiten der reinen »Praktiker« wird betont, daß ihr Betrieb sich zu einer planmäßigen Betriebs- und Wirtschaftsführung überhaupt nicht eigne infolge der erheblichen Schwankungen im Beschaffungs- oder im Absatzmarkte u. dgl. m. Es ist richtig, daß der rationalen Erkenntnis im Wirtschaftsleben Grenzen gesetzt sind, da die wirtschaftlichen Strömungen nicht wie naturwissenschaftliche Gesetzmäßigkeiten erfaßt werden können. Auch im Fertigungsprozeß wird es immer eine Reihe von irrationalen Momenten geben, beispielsweise im Arbeitsprozeß durch Umstände, die in der Natur des Menschen, in der Eigenart und besonderen Struktur des Betriebes liegen u. dgl. m. Trotzdem muß das rationale Moment überall dort erfaßt werden, wo sich meßbare Vorgänge darbieten; dadurch wird sich immer ein sicherer Boden für die Disposition gewinnen lassen als unter Außerachtlassung dieser Erkenntnis. Im übrigen hat es sich doch zu häufig gezeigt, daß das berühmte »Fingerspitzengefühl« immer dann versagt, wenn Strukturwandlungen und neuartige Konjunkturerscheinungen der Gesamtwirtschaft anders gerichtete Aufgaben an den Betrieb stellen.

Auch bei näherer Beobachtung der planmäßigen Betriebsführung zeigen sich Verbesserungsmöglichkeiten. Beispielsweise ist der Zusammenhang zwischen Konstruktion und Arbeitsvorbereitung selten vollkommen, ebensowenig wie der zwischen Arbeitsvorbereitung und Fertigung selbst. Insbesondere wird der Bestimmung des Qualitätsoptimums nicht die genügende Aufmerksamkeit gewidmet. Es fehlt häufig an ausreichenden Prüfeinrichtungen zur Untersuchung der

Werkstoffe. Das trifft besonders für kleinere und mittlere Unternehmungen in der Metallindustrie zu, die deshalb zur Erfüllung der Auftragsbedingungen häufig überdimensionieren und *Verschwendung an Werkstoffen, Arbeits- und Betriebsstunden* treiben. Bei der Bestimmung der Werkstoffmengen fehlt es überhaupt noch an dem »ökonomischen Gewissen«, das schon bei der Konstruktion einsetzen und sich von der Arbeitsvorbereitung bis in die letzten Betriebsstellen fortsetzen sollte. Häufig ist der Fertigungsbetrieb auf diesem Gebiet völlig »souverän« und in der Lage, die Berechnungen der Arbeitsvorbereitung wohl zur Kenntnis zu nehmen, als Richtlinien zu verwerten, ohne aber auf deren gewissenhafte Erfüllung verpflichtet zu sein. Hier bestehen immer noch starke Reibungen zwischen der Planung und den Fertigungsstellen des Betriebes Deshalb verläuft der Betriebsprozeß selten in einer völligen harmonischen Weise. Soll die Arbeitsvorbereitung auch Arbeitsführung sein, so bildet die engste Verbindung zwischen Konstruktion, Arbeitsvorbereitung und Arbeitsausführung die wichtigste Voraussetzung hierzu.

In besonderen, der Arbeitsvorbereitung angegliederten Versuchswerkstätten sollte die Durchführung von Arbeits- und Leistungsstudien, die Verbesserung der Betriebsmittel und die Erprobung von organisatorischen Maßnahmen stattfinden. Ein *»betriebswirtschaftliches Versuchsfeld«* dürfte von gleicher, teilweise von stärkerer Bedeutung werden als das technische und wissenschaftliche Laboratorium in der bisherigen Form. Auch die *Anlernung der Arbeiter* sollte ebenfalls in besonderen Vorbereitungsstätten unter verantwortlicher Leitung der Arbeitsvorbereitung erfolgen. Diese Maßnahmen ermöglichen systematische Untersuchungen auf allen mit der Betriebsführung zusammenhängenden Gebieten und vermeiden die bedenkliche Abhängigkeit von den Fertigungsstätten, die durch falsche Anwendung der Richtlinien die planmäßige Betriebsführung häufig diskreditieren. Abgesehen davon sollte der Fertigungsbetrieb von allen Experimenten befreit werden, die dem reibungslosen Ablauf des Produktionsprozesses entgegen stehen.

Die Beobachtungen in anderen Teilgebieten der Betriebsorganisation liegen in der gleichen Richtung. Beispielsweise fehlt bei der *Terminwirtschaft* vielfach der Zusammenhang mit dem Fertigungsprogramm. In empirisch eingestellten Betrieben wird lediglich für den Tag disponiert, weil hier häufig jede auf längere Sicht eingestellte Planmäßigkeit fehlt. Aber auch in den auf planmäßige Betriebsführung eingestellten Unternehmungen stößt man zuweilen auf »Terminjäger«, deren Aufgabe darin besteht, den Durchlauf der Aufträge karteimäßig zu registrieren, ohne daß eine Auswertung dieser Registrierarbeit erfolgen kann. Daß es sich hier um unproduktive Arbeit im wahrsten Sinne des Wortes handelt, bedarf keiner Beweisführung. Im *Bestell- und Angebotwesen* sind Doppelarbeiten zwischen Fertigung und Verwaltung einerseits und zwischen Betrieb und Unternehmung andererseits zu beobachten. Das Gleiche gilt für den Verkehr zwischen den Unternehmungen und ihren Verbänden, wo noch viel Abschreibearbeit geleistet wird, die durch Vereinheitlichung des Formularwesens, durch Blankoformulare und Anwendung des Durchschreibeverfahrens usw. größtenteils vermieden werden könnte. In Konzern-Unternehmungen ist immer noch der Grundsatz anzutreffen, sämtliche Angebote und Aufträge allen Zwischenstellen, d. h. Außenvertretung, Zentralverwaltung, Vertriebsabteilung und in ähnlicher Stufenfolge innerhalb des Werkes allen Verwaltungsorganen zu übermitteln, die bei genauerer Betrachtung nur »Briefträgerarbeit« leisten und sich auf diese Weise zwar nicht kümmerlich ernähren, aber ihre Existenzberechtigung kümmerlich nachzuweisen versuchen. Bei der Neuordnung des Verwaltungsbetriebes sollte deshalb in ähnlicher Weise wie im Fertigungsbetrieb zuerst eine planmäßige Untersuchung daraufhin erfolgen, welche Verwaltungsstellen positive Arbeit an den Aufträgen, an den Angeboten, Rechnungen, Buchungsanzeigen und dgl. zu leisten haben. Dabei wird sich herausstellen, daß die Durchlaufszeit vieler Schriftstücke wesentlich abkürzbar ist und daß dadurch Zeitersparnisse erzielt werden können, die dem Fertigungsprozeß zugute kommen. Es ist keine Seltenheit, daß in größeren industriellen Betrieben ein Viertel, ja ein Drittel der Umlaufszeit durch den verwaltungstechnischen Durchlauf absorbiert wird, ohne das eine innere Berechtigung hierzu vorliegt. Jedes Verwaltungsorgan müßte natürlich schon von sich aus den Ehrgeiz haben, *produktive Arbeit* zu leisten. Indes spielt gerade hier die Gewöhnung eine so starke Rolle, daß von innen heraus nur in den allerseltensten Fällen eine Verbesserung durch Aufgabe geheiligter Gewohnheiten und persönlicher Neigungen erhofft werden kann; der Anstoß zu einer grundlegenden Erneuerung muß immer von außen durch *neutrale Sachverständige* kommen, die unbelastet durch traditionelle Gepflogenheiten sind.

Jede Erneuerung soll von dem Grundsatz des geringsten Kosten- und Zeitaufwandes ausgehen. Beispielsweise wird man im Bestellwesen alle Aufträge der Abnehmerschaft auf typisierte Erzeugnisse unmittelbar den Produktionsbetrieben zuleiten und den Umweg über Vertriebsstellen nur bei kombinierten Anlagen zulassen, weil hier eine produktive Arbeit der Vertriebsstellen gegeben ist, die nicht ohne weiteres vom Betrieb geleistet werden kann. Sinngemäß wird die Betriebsorganisation des Werkes so gestaltet werden müssen, daß jedes Schriftstück nur einmal von einer Betriebsstelle ausgefertigt wird, aber für alle Zwecke verwendet werden kann. Daraus ergibt sich zwangsläufig eine Zusammenfassung verwandter Arbeitsfunktionen und eine organische Gliederung der Betriebsstellen, wodurch Kompetenzkonflikte ausgeschaltet und Leerlaufarbeiten vermieden werden.

Auch bei der *Transportwirtschaft* zeigen sich charakteristische Erscheinungen. In einigen Betrieben legt man hier den Hauptwert auf moderne maschinelle Transportmittel, die nach einem festen Stundenplan arbeiten. Es werden auch hierbei »Ersparnisse« errechnet, die indes bei genauerer Betrachtung meist auf dem Papier stehen, weil es sich hierbei gewöhnlich nur um *Kostenverschiebungen* von einer Kostenart oder von einer Kostenstelle auf die andere handelt. Es herrscht hier der an anderer Stelle gekennzeichnete Gesichtspunkt vor, daß die Umstellung sich in der Verbesserung einzelner Einrichtungen erschöpft, ohne daß auf das Zusammenwirken der Betriebsfunktionen, auf die Eingliederung der Betriebsmittel in den Betriebsorganismus Rücksicht genommen zu werden braucht. Bei Berechnungen der Wirtschaftlichkeit beabsichtigter Umstellungen oder Investierungen müssen deshalb die Auswirkungen auf alle Glieder des Betriebes und deren Funktionen berücksichtigt werden. Erst dann zeigt sich, ob und in welchem Ausmaß einzelne Verbesserungen tatsächlich wirtschaftlichen Sinn haben.

VII. Die Betriebsrechnung als Grundlage wirtschaftlicher Betriebsführung.

a) Grundsätzliches.

Begriff.

Die Betriebsrechnung bildet den Maßstab und die Grundlage der dispositiven und organisatorischen Kräfteentfaltung des modernen Unternehmertums. Sie ist das Spiegelbild der Unternehmung und ihrer Glieder, das die kausale Verknüpfung aller Erscheinungen aufzeigt und den Wertbildungsprozeß erfaßt und reguliert. Unter dieser Voraussetzung ist die Wirtschaftlichkeitsrechnung eine Fundgrube von Erkenntnissen, die der planmäßigen Betriebs- und Wirtschaftsführung die Wege weisen. Dabei handelt es sich nicht etwa um eine Einschränkung, sondern um die Kontrolle und Unterstützung der Unternehmertätigkeit. Deshalb wächst auch die Bedeutung der Betriebsrechnung mit dem Umfang der Unternehmung und der Mannigfaltigkeit ihrer Aufgaben und Ziele. Diese Bedeutung wird verstärkt in Zeiten der Strukturwandlungen und der Konjunkturströmungen der Gesamtwirtschaft. Die Verflechtung der Betriebszellen mit der Gesamtwirtschaft und der unlösbare Zusammenhang dieser mit der Weltwirtschaft schlägt sich in der Rechnung der Unternehmung nieder und bedingt andererseits ihre ständige Vervollkommnung. Hier muß der Ausgangspunkt liegen für die Durchgeistigung des Betriebes. Ein organisch mit dem Betrieb verbundener betriebswirtschaftlicher Erkennungs- und Messungsdienst ist in der Lage, die Wege zum Erfolge und den Einfluß bestimmter Maßnahmen und Einrichtungen auf den Wirtschaftlichkeitsgrad des Betriebes zu offenbaren.

Aufgaben und Aufbau.

Der betriebliche Rechnungsapparat dient somit der Beobachtung und Regulierung des gesamten Betriebsprozesses und verfolgt den Produktions- und Wertablauf auch in seinen einzelnen Phasen. Die Erfüllung dieser Aufgaben setzt einen organischen Zusammenhang zwischen Betriebsrechnung und Betriebsprozeß, eine entsprechende Gliederung der Rechnungsorgane und ein sinnvolles Zusammenspiel der Rechnungsfunktionen voraus. Als Rechnungsorgane sehen wir an: *Kalkulation, Buchhaltung und Statistik.* Bei dieser Gliederung lassen sich die Aufgaben der Rechnungsorgane eindeutig bestimmen. Die Buchhaltung ist *Zeitrechnung*, d. h. sie errechnet den Unternehmungsertrag und damit die *Kapitalrente* für eine bestimmte Wirtschaftsperiode, ohne Beziehung auf die Produktionseinheit, aber unter Klarlegung der *Erfolgsquellen* (vgl. oben, S. 13/14). Die als Glied der Werksbuchhaltung geltende Betriebsbuchhaltung soll durch Gliederung aller Aufwendungen und Leistungen den Ertrag bestimmter Betriebs- bzw. Fertigungsgruppen nachweisen. Die Hauptaufgabe der Betriebsbuchhaltung liegt in der Gliederung und Verteilung der Gemeinkosten nach bestimmten Gesichtspunkten bzw. Schlüsseln. Die *Kalkulation* ist Stückrechnung, d. h. sie ermittelt die Kosten für die *Produktionseinheit* — das Erzeugnis — vermittels der Divisions- oder Additionsmethode, ohne Rücksicht auf den zeitlichen Kostenverlauf. Daneben ist sie *Wirtschaftlichkeits- oder Rentabilitäts-Rechnung* im Sinne eines Voranschlages für den Gesamtbetrieb und seine Glieder und bildet damit die Grundlage für den *Betriebsetat.* Das letzte Glied des Rechnungswesens ist die *Statistik,* deren Aufgabe in der *Vergleichsmessung* mittels Gruppierung der Aufwand- und Leistungswerte und Aufdeckung ihrer Kausalbeziehungen beruht. Demzufolge können wir die Betriebsstatistik als oberstes Organ der betrieblichen Rechnungsapparatur bezeichnen, das die intimste Kenntnis des Betriebslebens und seiner Einrichtungen und die vollkommenste Beherrschung aller Betriebsvorgänge voraussetzt.

Im Rahmen dieser Abhandlung kann natürlich keine umfassende Darstellung des industriellen Rechnungswesens Platz greifen, um so weniger, als hier klassische Werke der betriebswirtschaftlichen Forschung vorliegen [1]). Deshalb kann es sich hier nur um einen bescheidenen Versuch handeln, auf Grund von Studien und Beobachtungen in der industriellen Praxis *Grundsätze für die Gestaltung der Rechnungsorgane herauszuschälen.* Hierfür ist die Tatsache von Einfluß gewesen, daß den Wirtschaftskreisen vielfach Richtlinien für den *Aufbau der Rechnungsorgane und ihre Eingliederung in den Betrieb* erwünscht sind. In den folgenden Abschnitten werden die Rechnungsorgane entsprechend der obigen Gliederung Kalkulation, Buchhaltung, Statistik behandelt.

1. Die Kalkulation.

Kalkulation und Arbeitsvorbereitung.

Ihrer Aufgabenstellung entsprechend ist die *Kalkulation* das Rechnungsorgan, das am engsten mit dem Fertigungsbetrieb verbunden ist. Wenn die typisierte Reihen- und Massenfertigung eine *zentrale* Arbeitsvorbereitung zuläßt, so ergeben sich auf dem Wege umfassender *Arbeits- und Leistungsstudien* genaue Daten in Form mengenmäßiger Feststellungen des Werkstoff-, des Arbeitsstunden- und des Betriebsstunden-Verbrauches. Diese Grunddaten werden auf den oben, Seite 65/68, erörterten *Stammkarten* verankert, die den Produktionsablauf unter Berücksichtigung der gegebenen Betriebsmittel und Arbeitskräfte bestimmen. Diese betriebstechnischen Festlegungen der Produktions-

[1]) An dieser Stelle seien nur die grundlegenden Werke der Fachliteratur genannt: *Schmalenbach*: »Selbstkostenrechnung«, *derselbe*: »Dynamische Bilanz«, *Schmidt*: »Wiederbeschaffungspreis«, *derselbe*: »Organische Bilanz«, *Leitner*: »Selbstkostenberechnung industrieller Betriebe«, *derselbe*: »Grundriß der Buchhaltung und Bilanzkunde«, *Walb*: »Erfolgsrechnung öffentlicher und privater Betriebe«, *Lehmann*: »Industrielle Kalkulation«.

faktoren und ihrer Elemente bilden aber auch die Grundlage für den *Wertablauf*, da die Mengen, mit Einheitspreisen multipliziert, auch den wertmäßigen Aufwand ergeben. Es verbietet sich hierbei von selbst, als Einheitspreise für die Produktionsfaktoren schwankende Tages- bzw. Marktpreise einzusetzen, weil dann in häufiger Folge Veränderungen auf den Stammkarten vorgenommen werden müßten, die nicht aus mengenmäßigen Verschiebungen der Produktionsfaktoren, sondern aus Marktpreisschwankungen folgen. Deshalb ist hier die Anwendung von *Einheits-Grundpreisen oder Standardpreisen* zweckmäßig, etwa von Tages- oder Marktpreisen einer bestimmten Wirtschaftsperiode oder dem Preisdurchschnitt beispielsweise der Jahre 1910/14, des Geschäftsjahres 1927 usw. Die Umwandlung dieser Standardpreise in Gegenwartspreise erfolgt durch Korrekturfaktoren; auf die Umwandlungsmethoden soll unten, Seite 85, näher eingegangen werden[1]).

Es ist von Wichtigkeit darauf hinzuweisen, daß die mengenmäßige Festlegung der Produktionsfaktoren und ihrer Elemente auf Stammkarten und die darauf fußende Bildung der Grundwerte die *Vorkalkulation* bedeutet, die in dieser Form direkt der *Betriebskontrolle* und indirekt, d. h. nach Umwandlung in Gegenwartspreise, der *Preisstellung* dient. Diese *Vorkalkulation* wird zur *Selbstkostenrechnung*, wenn ihr ein *automatischer Kontrollcharakter* innewohnt, m. a. W., wenn jede Abweichung in konstruktions- und fertigungstechnischer Hinsicht zwangsläufig in Erscheinung tritt. Wir haben oben, Seite 38/40, darauf hingewiesen, daß die Ergebnisse der Arbeits- und Leistungsstudien *organisatorisch* verankert werden müssen, damit Soll- und Istaufwand sich decken und alle Abweichungen auf formulartechnischem Wege durch die Arbeits- und Rechnungsführung erfaßt werden. Eine völlige Übereinstimmung zwischen Soll- und Istaufwand wird indes relativ selten eintreten, weil mit Abweichungen in bestimmten Grenzen stets gerechnet werden muß. Das Entscheidende ist nur, daß diese Abweichungen sofort und zwangsläufig in Erscheinung treten; auf diese Weise wird einerseits die Güte der Arbeitsführung, andererseits der Umfang und Einfluß der Störungsursachen einwandfrei ermittelt. Je nach den absatztechnischen Einflüssen auf den Fertigungsablauf ist die Toleranzzone zwischen Arbeitsvorbereitung und Betriebsablauf verschieden gelagert. Im Interesse des optimalen Wirtschaftlichkeitsgrades des Betriebes muß hier mit Spannungen zwischen 5 und 20% gerechnet werden. *Nicht die Starrheit der Arbeits- und Betriebsorgani-*

[1]) Vgl. *Hellwig*: »Neuzeitliche Selbstkostenberechnung«, Berlin 1923, Seite 38—50.

sation gewährleistet den höchsten Wirtschaftlichkeitsgrad, sondern die durch die jeweiligen Absatzerfordernisse einem Industriezweig aufgenötigte Elastizität und Anpassungsfähigkeit. Hier zeigt sich die verschiedenartige Bedeutung der *Wirtschaftlichkeitsquellen,* deren Einflußsphäre schon durch die Kostenrelation der Produktionsfaktoren gegeben ist.

Die Kontrollfunktion der Kalkulation.

Die Kontrollfunktion der Kalkulation — die *Betriebskontrolle* — muß unter Berücksichtigung der wirtschaftlichen Grenzen der Arbeitsvorbereitung und des davon abhängigen Charakters der Vorkalkulation gestaltet werden. Auch da, wo eine völlige Übereinstimmung zwischen den *Soll*werten der Arbeitsvorbereitung und den *Ist*werten des Arbeitsablaufs gegeben ist, werden doch planmäßige Verbesserungen vermittels systematischer Arbeits- und Leistungsstudien in Frage kommen. Gewöhnlich bestehen aber ohnedies mehr oder minder starke Abweichungen zwischen Soll- und Istwerten, die die Betriebskalkulation nach ihren *Ursachen* — Material-, Konstruktions- und Fertigungsfehlern — gliedern und damit die Grundlage für die Bekämpfung von betrieblichen Verlustquellen schaffen muß. Eine systematische Beobachtung dieser Abweichungen läßt etwaige Mängel in der Arbeitsvorbereitung oder in der Fertigung unmittelbar zutage treten, zeigt die Auswirkungen neuer Arbeitsverfahren,beispielsweise den Übergang von der Einzel- zur Reihen-, Massen- und Fließfertigung, ferner die stärkere Inanspruchnahme maschineller Betriebsmittel und dgl. m. Hier schlagen sich ebenfalls Dispositionsfehler in der Bestelldisposition, in der Lagerwirtschaft, in der Terminwirtschaft nieder, die den Arbeitsfluß hemmen. Eine derartige Betriebskontrolle regt somit zu *Betriebsverbesserungen* in technischer und organisatorischer Hinsicht an. Die Kostenanalyse führt zur Erprobung neuer Verfahren, die bei gleicher Ausbringung den Kostengüter-Verbrauch einzuschränken vermögen. Natürlich wird jeder Umschaltung auf eine neue Fertigungsart eine auf Grundwerten basierende *Wirtschaftlichkeitsrechnung* vorausgehen müssen, die das Kostenbild der bisherigen der neuen Fertigungsart gegenüberstellt. Wenn eine solche Wirtschaftlichkeits-Rechnung einige Kostenelemente vernachlässigt, so verleitet sie zu unzweckmäßigen Kapitaldispositionen. Auf Grund derartiger unvollkommener Berechnungen werden Neuinvestierungen vorgenommen, die sich später als unwirtschaftlich erweisen, vor allem dann, wenn Beschäftigungs- und Nutzungsgrad nicht der Kapazität des Betriebes angepaßt werden können. *Hier liegen die engen Zusammenhänge zwischen Betriebskalkulation und Kapitaldisposition.*

Während die Kontrollfunktion der Betriebskalkulation in den Betrieben der typisierten Reihen- und Massenfertigung sich auf gelegentliche Stichproben beschränken kann, sofern die Abweichungen zwischen Soll- und Istwerten automatisch in die Erscheinung treten, stellt die bewegliche Spezialfertigung anders geartete Forderungen an die Kalkulationskontrolle. Hier tauchen von Fall zu Fall infolge wechselnder Kundenwünsche und der besonderen Anforderungen je nach dem Verwendungszweck naturbedingte Abweichungen zwischen den vorkalkulierten Soll- und den tatsächlichen, im Verlauf des Fertigungsprozesses entstehenden Ist-Werten auf. Infolgedessen trägt hier auch die Arbeitsvorbereitung und Arbeitsführung einen anderen Charakter als in den Betrieben der Reihen- und Massenfertigung. Die Arbeits- und Leistungsstudien werden sich hier vornehmlich auf die genormten Fabrikationselemente, gegebenenfalls auf Halb- und Teilfabrikate beschränken; die Grenzen ihrer Wirksamkeit sind somit enger gesteckt als bei der stetigen Reihen- und Massenfertigung. Demzufolge muß hier die Vorkalkulation vorwiegend mit Erfahrungswerten rechnen, die der Nachkalkulation ähnlicher oder verwandter Bauarten entnommen werden; auch hier werden natürlich Grundwerte benutzt und der Preisstellung und der Betriebskontrolle zugrunde gelegt. Die Betriebskontrolle muß aber auf dem Wege zeitlich paralleler Erfassung der Leistungen deren Aufwendungen auftragsweise erfassen. Das geschieht vermittels einer Nachrechnung, die sich in Großbetrieben zweckmäßigerweise der Hollerith- oder Power-Maschinen bedient, vor allem dann, wenn eine Gliederung der in großer Zahl auflaufenden Rechnungsunterlagen für verschiedenartige buchtechnische und betriebsstatistische Zwecke erforderlich ist. In diesem Falle wird erst die Nachrechnung zur Selbstkostenrechnung, weil nur sie die tatsächlichen Aufwendungen zu erfassen vermag. Dann bieten die Ergebnisse dieser Nachrechnung die Grundlage zu Betriebsverbesserungen in dem oben erörterten Sinne. Hierbei wird von vornherein klargestellt werden müssen, ob die Ergebnisse der Nachrechnung nur für *einzelne* oder für häufig *wiederkehrende* Fälle Bedeutung haben. Grundsätzlich werden sich auch hier die Gesichtspunkte herausschälen lassen, die für die künftige rationellere Fertigung von Bedeutung sind. Beispielsweise läßt sich erwägen, ob und inwieweit die technische Ergiebigkeit durch einen höheren Nutzungs- oder höheren Leistungsgrad verbessert werden kann, ferner ob durch organisatorische Maßnahmen, etwa durch Umgestaltung des Transportwesens oder Verbesserung der Beschaffungs- und Lagerwirtschaft, Kostenersparnisse erzielbar sind, deren Ausmaß sich nach der Kostenrelation der Produktionsfaktoren richtet.

Die Preisstellungsfunktion der Kalkulation.

Die zweite Funktion der Kalkulation ist die *Preisstellung*. Gewöhnlich ringen die Funktionen Preisstellung und Betriebskontrolle um die Vorherrschaft; sie sind die Pole, zwischen denen die Kalkulation pendelt. *Schmalenbach*[1]) sagt hierüber: »Jeweils stehen sie nebeneinander. In der Mehrzahl der Fälle schiebt sich einer der beiden Zweige weit in den Vordergrund.« *Loewenstein*[2]) führt hierzu aus: »Je nachdem, welcher dieser beiden Zwecke das ist, werden die Beziehungen zwischen Selbstkosten- und Erfolgsrechnung stark beeinflußt. Im allgemeinen läßt sich sagen, die Tendenz der Übereinstimmung der beiden Rechnungen ist um so größer, je mehr die Selbstkostenrechnung der Kontrolle der Betriebsgebarung dient; je mehr die Selbstkostenrechnung andererseits der Preisstellung und Preispolitik dient, um so schwieriger gestaltet sich ihre Verbindung mit der Erfolgsrechnung.«
Die kalkulationstechnischen Bedürfnisse der Preisstellung und Preispolitik liegen in der *Gliederung* der Produktionskosten nach Produktionsfaktoren und innerhalb dieser nach Produktionselementen, ferner in der *Austauschbarkeit* bzw. Atomisierung der Kostenelemente und in der *Wertbeständigkeit* der Rechnungselemente[3]). Die erste kalkulationstechnische Vorbedingung der Preisstellung, die Gliederung der Produktionsfaktoren und ihre Austauschbarkeit, ist durch den oben, Seite 80, erörterten Zusammenhang mit der Arbeitsvorbereitung gegeben. An der gleichen Stelle ist auch die zweite kalkulationstechnische Vorbedingung: die *Wertbeständigkeit der Rechnungselemente*, gestreift worden. Wir halten die Anwendung fester Einheitspreise für zweckmäßig, weil sich dabei — unter Berücksichtigung des mengenmäßigen Anteiles der einzelnen Produktionselemente — *Grundwerte* ergeben, die ohne weiteres für Vergleichs- bzw. Kontrollzwecke verwendet werden können, da sie die äußeren, d. h. die Einflüsse des Marktes ausschalten und lediglich die durch konstruktions- und fertigungstechnische Änderungen verursachten Abweichungen in einer Mengenverschiebung der Produktionselemente nachweisen. Demzufolge können diese Grundwerte auch für die Ermittlung des Wirtschaftlichkeitsgrades benutzt

1) *Schmalenbach*: »Selbstkostenrechnung«.
2) *Loewenstein*: »Kalkulationsgewinn und bilanzenmäßige Erfolgsrechnung«, Leipzig 1922.
3) *Hellwig*: »Neuzeitliche Selbstkostenberechnung«, Seite 38—50. Berlin 1923.

werden, den wir oben als *technische Produktivität* im Sinne des *mengenmäßigen* Verhältnisses zwischen Kosten- und Leistungsgütern eingeführt haben [1]). Die Ermittlung der *wirtschaftlichen Produktivität* schließt bekanntlich noch die *Aufwendungen für die Kostengüter* ein und bedingt deshalb die Anwendung von Korrekturfaktoren, die dem jeweiligen Quotienten aus Grund- und Einstandspreisen entsprechen. Für die Preisstellung müssen diese Korrekturfaktoren aus dem Quotienten aus Grund- und Tagespreisen des Umsatztages gebildet werden. In beiden Fällen wird aber durch die Einbeziehung der Beschaffungs- und der Umsatzpreise der Aufbau der Grundwert-Kalkulation nicht geändert, da diese an sich die betriebsäußeren Einflüsse nicht zu berücksichtigen hat [2]).

Wie oben ausgeführt, wird die Preisstellung in erster Linie auf dem Kostenpreis basieren, d. h. auf den *Selbstkosten* der Erzeugnisse. Diese Selbstkosten umfassen sämtliche Elemente der Einzel- und Gemeinkosten, unter letzteren auch Unternehmerlohn, Zinskosten für eigenes und fremdes Kapital, Risikozuschläge usw. Der *Marktpreis* wird indes in seiner Höhe bestimmt durch das Kräfteverhältnis von Angebot und Nachfrage, in dem sich sowohl die Erzeugungsbedingungen als auch die Kaufkraft, Kaufneigung und Dringlichkeit des Bedarfes widerspiegeln. Demzufolge muß die Preisstellung dieser Konstellation Rechnung tragen; sie wird sich an den Marktpreis heranfühlen. Hierbei wird sie zur *Preistaktik,* wenn sie von Fall zu Fall die Preisfestsetzung vornimmt in der Erwägung, ob die Hereinnahme des einzelnen Auftrages unter den derzeitigen Produktionsbedingungen notwendig ist. Sie wird zur *Preispolitik,* wenn sie auf längere Sicht den Beschäftigungsgrad des Betriebes in die kostenmäßig günstigste Bahn zu lenken versucht. Deshalb ist die Offenlegung des *Kostencharakters* der Produktionselemente erforderlich, d. h. die Aufdeckung der Abhängigkeit zwischen Kostenverlauf und Beschäftigungsgrad. Insbesondere ist die Preispolitik in den Betrieben mit einem hohen Kostenanteil des Anlagekapitals von Bedeutung. Hier ist der Beschäftigungsgrad von besonders großem Einfluß auf den Nutzungsgrad der Betriebsmittel und

---

[1]) *Lehmann*: »Der Wirtschaftlichkeitsbegriff« in Z. f. B. 1926/27.

[2]) Bezüglich der Aufstellung dieser Grundwert-Kalkulation sei verwiesen auf: *Hellwig*: »Neuzeitliche Selbstkostenberechnung«, Seite 38—50, Kurven-Bilder 1—6; ders.: »Der gegenwärtige Stand der Selbstkostenberechnung« in ETZ, Juli 1925; ders.: »Grundwerte und ihre Bedeutung für die Praxis« in DAZ vom 15. Juli 1923 u. Dinglers polytechn. Journal vom 15. Dezember 1923.

bis zu einem gewissen Grade auch auf den Leistungsgrad der Arbeitskräfte [1]).

Der Kostencharakter der Produktionselemente.

Bezüglich des Kostencharakters der Produktionselemente kann an dieser Stelle nur Grundsätzliches gesagt werden. Es ist hierbei zwischen *Gesamtaufwendungen* und *Kosten des Erzeugnisses* zu unterscheiden. Beispielsweise sind die Gesamtaufwendungen für *Werkstoffe und Arbeit* vorwiegend *proportionaler* Natur; bestimmte Degressionen bestehen nur bei steigendem Beschäftigungsgrad infolge günstigerer Beschaffung der Werkstoffe, rationellerer Verwertung der Rückstände und günstigerer Arbeitsanordnung. Bezieht man diese auf die *Produktionseinheit*, so sind sie *fest*, weil sie hier ohne Rücksicht auf den jeweiligen Beschäftigungsgrad entstehen. Anders liegen die Verhältnisse bei den *Gemeinkosten*. Deren Gesamtaufwand hat vorwiegend *festen* Charakter und schwankt nur in einzelnen Unterarten mit dem Beschäftigungsgrad. Die beweglichen Gemeinkosten können wieder einen *proportionalen*, einen *progressiven* oder *degressiven* Charakter tragen, sich also im gleichen, stärkeren oder schwächeren Verhältnis zum Beschäftigungsgrad verändern. Der *feste* Bestandteil wird durch die Zinskosten, die Abnutzung, Instandhaltung und Beaufsichtigung der Betriebseinrichtungen, durch einzelne Steuerkosten und verschiedene Verwaltungskosten bestimmt. Dabei ist der feste Kostenbestandteil in seiner absoluten Höhe abhängig von dem Fertigungscharakter des Betriebes und demzufolge von der Kostenrelation der Produktionsfaktoren. In Betrieben der stark mechanisierten Reihen- und Massenfertigung sind gewöhnlich 60—70% der Gemeinkosten als fest anzusehen; unter Berücksichtigung des jeweiligen Anteils der Gemeinkosten an den Gesamtkosten beträgt dieser feste Anteil somit 30—40% der Gesamtkosten. In den Betrieben der Spezial- und Einzelfertigung ist der feste Kostenbestandteil der an sich meist geringeren Gemeinkosten auf 30—40% dieser letzteren bzw. auf etwa 15—25% der Gesamtkosten zu beziffern. Weiterhin sind innerhalb des festen Anteils der Gemeinkosten zahlreiche Variationen möglich. Beispielsweise ist der Festanteil der *fertigungstechnischen* Kosten von der Zahl, Art und Größe der Betriebsmittel, der Festanteil der Verwaltungskosten von dem Aus-

[1]) Vgl. *Schmalenbach*: »Selbstkostenrechnung«, ferner *Schmaltz*: »Aufwand- und Beschäftigungsgrad« im Handwörterbuch der Betriebswirtschaft, C. E. Poeschel, Verlag; *Hellwig*: »Neuzeitliche Wirtschaftlichkeits-Rechnung als Vorbedingung der Wirtschaftlichkeit« in Maschinenbau-Wirtschaft vom 15. Mai 1926 und 15. Juli 1926. *Schmidt* in zahlreichen Abhandlungen in Z. f. B. 1926/27.

maß und Charakter der Verwaltungsarbeit, beispielsweise der Arbeitsvorbereitung, der Beschaffungs-, Lager- und Termindisposition, dem Vertriebs- und Propaganda-Apparat usw. abhängig.

Wenn man diese Gemeinkosten auf die *Produktions-Einheit* bezieht, so haben die festen Kostenanteile hier einen veränderlichen Charakter, weil sie sich im Erzeugnis bei steigendem Beschäftigungsgrad in geringerem, bei sinkendem Beschäftigungsgrad in stärkerem Maße niederschlagen. Die veränderlichen Gemeinkosten-Anteile schlagen sich in der Produktionseinheit in ähnlicher Weise wie Werkstoff- und Arbeitskosten als feste Kosten nieder, weil sie hier ohne Rücksicht auf den Beschäftigungsgrad in gleicher Höhe zum Ausdruck kommen. Diesem Umstande muß die Kalkulationstechnik Rechnung tragen. Wir halten es deshalb für notwendig, daß bei jedem Zuschlagverfahren, wobei wir den *Zeitzuschlag* grundsätzlich als die zweckmäßigste Verteilungsmethode betrachten, je ein Unkostensatz zur Erfassung der *festen* und zur Erfassung der *veränderlichen* Gemeinkosten angewendet wird. Weitergehend kann man hierbei eine Unterteilung der Zuschläge nach fertigungs- und verwaltungstechnischen Kosten vornehmen. Die Verwirklichung dieses Gedankens kann in der Weise erfolgen, daß die Kosten der Betriebsstunde nach diesen Gesichtspunkten zerlegt werden, woraus sich wertvolle Fingerzeige für preistaktische und preispolitische Maßnahmen ergeben. Die Preistaktik und Preispolitik ist dann in der Lage, auch im Einzelfalle, d. h. bei einem Erzeugnis oder einer Erzeugnisgruppe, die veränderlichen von den festen Gesamtkosten zu trennen und zu entscheiden, ob im Hinblick auf den jeweiligen Beschäftigungsgrad sämtliche oder nur einzelne Gemeinkosten im Angebotspreis berücksichtigt werden sollen. Diese preistaktische Maßnahme ist besonders dann von Bedeutung, wenn einzelne Glieder des Betriebes stärker belastet werden sollen. Deshalb kann die Preistaktik nicht schematisch vorgehen, sondern muß den jeweiligen Kostencharakter der verschiedenen Erzeugnisse und den Einfluß des Beschäftigungsgrades der Unterbetriebe auf den Beschäftigungsgrad des Gesamtbetriebes berücksichtigen. Das Ziel — im Rahmen der absatzwirtschaftlichen Möglichkeiten — ist eine Entlastung derjenigen Betriebsglieder, die unter *Kosten-Progressionen* arbeiten und eine Belastung derjenigen Betriebsglieder, die infolge ihrer anderen Struktur unter *Kosten-Degressionen* arbeiten. Diese Gesichtspunkte führen dazu, die *kritische Kostenzone*, d. h. den Wendekreis im Kosten-Verlauf, sorgfältig zu beachten und den Beschäftigungsgrad des Betriebes hiernach zu regulieren. Wenn das nicht geschieht, so besteht die Gefahr unwirtschaftlicher Kapital-Dispositionen, die den Wirtschaftlichkeitsgrad des Betriebes beeinträchtigen. Das ist beispielsweise dann der Fall, wenn in starkem Maße Anlagekapital festgelegt wird und infolge der steigenden Abschreibungs-, Verzinsungs-, Instandhaltungs- und Beaufsichtigungskosten dem Kostenverlauf des Betriebes einen anderen, d. h. vorwiegend festen Charakter verleiht, trotzdem der Absatzmarkt keine Aussicht auf einen gleichmäßigen hohen Beschäftigungsgrad und einen befriedigenden Nutzungsgrad bietet. Eine derartige Kapitaldisposition ohne Beachtung der kritischen Kostenzone ist besonders dann von ungünstigem Einfluß auf den Wirtschaftlichkeitsgrad, wenn ein Mangel an flüssigen Mitteln auftritt. Dann ist die notwendige Entwicklung etwa der Arbeitsvorbereitung und Arbeitsführung, der Beschaffungs- und Lagerwirtschaft und anderer Teilgebiete der Betriebsorganisation unterbunden und damit die Leistungsharmonie der Betriebsglieder gestört. Mit zunehmender Disharmonie zwischen Anlage- und Umlaufkapital werden diese Störungen vergrößert. Trotzdem spricht man in derartigen Betrieben besonders gern von »Rationalisierung«. Tatsächlich aber bedeutet eine derartige »Reorganisation« eine Entwertung des Anlagekapitals infolge ungenügender Nutzung und damit eine betriebs- und volkswirtschaftliche Verschwendung, die schwere Krisen heraufbeschwören kann.

Aber nicht nur derartige falsche, sondern auch an sich richtige Umstellungen können durch eine *falsche Betriebsrechnung* unwirksam gemacht und in ihr Gegenteil verkehrt werden. Hier ist vor allem zu beanstanden, daß häufig versucht wird, die gesamten, oft sehr beträchtlichen Umstellungskosten als *Aufwand einer Wirtschaftsperiode,* als Kosten einer Jahreserzeugung zu betrachten und als »Selbstkosten« einzukalkulieren. Richtig dagegen wäre es, die *Umstellungskosten* auf einen bestimmten Zeitraum, je nach ihrer Auswirkung, z. B. 5 Jahre, zu verteilen und das Wirtschaftsjahr nur mit einem daraus folgenden Anteil zu belasten. Ein weiterer Übelstand ist der, daß vielfach in den Betriebsrechnungen der Buchwert der durch die Umstellung entbehrlich gewordenen Anlagen als Betriebsverlust ausgewiesen wird, statt daß eine Absetzung vom Kapitalkonto erfolgt. Infolge dieser falschen Rechnung werden Preiserhöhungen vorgenommen, die tatsächlich mit dem echten Kostenstand nicht vereinbar sind. Absatzstockungen sind dann die unausbleibliche Folge einer derartigen falschen Rechnungsweise; diese Absatzstockungen bergen immer die Gefahr der Wertminderung der Anlagen infolge Überalterung und mangelhafter Nutzung in sich.

Betriebsetat.

In diesem Zusammenhang sei auf die Dienstbarmachung der Betriebskalkulation für den *Betriebs-* und *Unternehmungsetat* und die Budgetierung kurz eingegangen. Der Betriebsetat bedeutet die planmäßige Festlegung und Überwachung der Kosten- und Leistungsgüter einer Wirtschaftsperiode (Monat, Vierteljahr, Halbjahr). Er wird zweckmäßigerweise in unmittelbarer Verbindung mit dem Fertigungsprogramm aufgestellt und gleich diesem nach Produktionsfaktoren und Leistungsgütern gegliedert. Hierbei können die für die Stückkalkulation angewandten Grundwerte benutzt und vermittels der oben genannten Korrekturfaktoren in Tageswerte umgewandelt werden. Aus dieser weitgegliederten Übersicht folgt der Kostenbedarf des Betriebes für Werk- und Hilfsstoffe, für Fertigungs- und Hilfslöhne, sowie für die verschiedenen Unterarten der Gemeinkosten, z. B. Verwaltungskosten, Steuern, Energiekosten, Betriebsmaterialien, Betriebslöhne usw., die mit dem im Fertigungsprogramm zum Ausdruck kommenden Beschäftigungsgrad in verschiedenem Ausmaß schwanken. In dieser Weise werden Kosten- und Leistungsgüter einander gegenübergestellt und spiegeln damit das Kostenbild des *Betriebes* wider. Der *Unternehmungsetat* zeigt die *Aufwendungen* und Erlöse. Außer den durch die laufende Produktion bedingten Kosten entstehen z. B. in bestimmten Zeitabständen Aufwendungen für die *Beschaffung* von Betriebseinrichtungen, die zweckmäßigerweise ähnlich wie das Bilanzbild nach Konten — d. h. Anlage- und Unterhaltungs-Konten — aufgeführt werden. Der Unternehmungsetat muß ferner die voraussichtlichen Zahlungseingänge von Fremden (Debitoren) und die eigenen Zahlungsverpflichtungen (Kreditoren) enthalten, um auf diese Weise ein vollständiges Bild sämtlicher Ausgaben, geordnet nach Fälligkeitsterminen, zu bieten. Dieser Finanzetat darf natürlich nicht als Grundlage von Wirtschaftlichkeits-Berechnungen benutzt werden, weil große Teile der Aufwendungen nicht als Kosten der laufenden Wirtschafts-Periode angesehen werden können. Hierher gehören vor allem alle Neubeschaffungen, ferner Instandhaltungen und Umstellungen, die den Betriebs- und Unternehmungs-Wert erhöhen und demzufolge Kostenbestandteile mehrerer Wirtschaftsperioden darstellen. Der Unternehmungs-Etat ist das Bild der Aufwendungen und Erfolge; der Betriebs-Etat zeigt das Kostenbild der Kosten- und Leistungsgüter in einer bestimmten Wirtschaftsperiode.

Eine betriebsinnere Auswirkung des Betriebsetats liegt in der *Kontingentierung* bestimmter Kostenbestandteile. Es handelt sich hier in der Hauptsache um die Kostenfixierung einiger Gemeinkosten, z. B. von Betriebsmaterialien und Betriebslöhnen für die Betriebsabteilungen. Diese Begrenzung muß im Zusammenhang mit Betriebs- und Arbeits-Studien erfolgen und allmählich das *Optimum der Kosten* je *Betriebsstunde* festlegen. Die Ergebnisse dieser aus systematischen Beobachtungen und Versuchen herrührenden Begrenzung werden auf besonderen Bezugskarten (für Betriebsmaterialien) bzw. Arbeitsscheinen (für Betriebslöhne) organisatorisch verankert. Diese Festlegungen, beispielsweise für Putz-, Schmier- und Reinigungs-Materialien, für Lager-, Transport- und Hofarbeiten usw., verhindern einen Mehrverbrauch oder erzwingen dann eine Begründung der Verbrauchsstellen und die Genehmigung der Betriebsleitung. Für Ersparnisse kann die Gewährung von Prämien vorgesehen werden, aber nur dann, wenn keine mißbräuchliche Anwendung (Vernachlässigung der Maschinen) möglich ist.

Schließlich kann der Betriebsetat eine Grundlage für den *Verkaufsplan* bilden und den Außenorganen Richtlinien für die Verkaufs- und Propagandatätigkeit bieten. Dabei ist Voraussetzung, daß der Betriebsetat in engster Verbindung mit dem Fertigungsprogramm steht. Aus den Beziehungen zwischen Betriebs- und Unternehmungsetat ergeben sich bestimmte Zusammenhänge zwischen Wirtschaftlichkeitsgrad und Aufwand, z. B. zwischen Beschäftigungs-, Nutzungs- und Leistungsgrad, ihrem voraussichtlichen Kostenverlauf und dem Geldbedarf. Es wird sich bei der Aufstellung des Betriebsetats vielfach um *Soll*werte handeln, die aber in dem Maße zu *Ist*werten werden, als Betriebsstruktur und Betriebsorganisation die Abweichungen zwischen beiden mehr und mehr unterbinden. Hier gelten die gleichen Gesichtspunkte wie für die Vor- und Nachrechnung und deren Stellung unter den verschiedenen Betriebsverhältnissen. (Vgl. oben, Seite 81.)

2. Die Buchhaltung.

Aufgabe.

Die Buchhaltung ist Zeitrechnung; sie dient der Ermittlung der Rentabilität der Unternehmung bzw. der Kapitalrente in bestimmten Wirtschaftsperioden. Die Kapitalrente ist das Ergebnis der Unternehmertätigkeit, die darin gipfelt, den *Beschaffungsmärkten* die *Produktionsfaktoren unter günstigsten Bedingungen zu entnehmen und den Absatzmärkten die Produktionsgüter unter günstigsten Bedingungen zuzuführen.* Wenn die Buchhaltung diese Unternehmertätigkeit in ihrer Auswirkung verfolgen soll, so muß sie in erster Linie alle Aufwendungen und die daraus entspringenden Erfolge verfolgen. Demzufolge müssen Aufwendungen und Erträgnisse nach der tatsächlich entstandenen Höhe berücksichtigt werden; es kommen somit bei den Produktionsfaktoren die effektiven Beschaffungskosten in Frage. Da aber ein Vergleich zwischen Beschaffungskosten und ihrem Gegenwert, dem Erlös, nur bei gleichem *Wertmaßstab* Sinn haben kann, so müssen *Geldwertänderungen* schon in der Erfolgsrechnung berücksichtigt werden. Das kann geschehen durch Einführung von Grundwerten, wie sie in der Fest- oder Goldmark zum Ausdruck kommen und vielfach in der Inflationszeit angewandt worden sind. Es wäre an sich zu fordern, in der Erfolgsrechnung auch geringere Geldwertschwankungen als die deutsche Inflation sie aufwies und wie wir sie in allen Zeiten infolge der schwankenden Devisenkurse erleben, zu berücksichtigen. Indes können derartige Schwankungen in der Erfolgsrechnung außer acht gelassen werden. Sie finden überdies ihre Auswirkung in dem Preisgefälle der Waren zwischen der Beschaffungs- und Absatzperiode. Der Unterschied zwischen dem Kostenniveau der Beschaffungs- und der Absatzperiode umfaßt meist auch diese Geldwert-Änderungen in den Schwankungen der Warenpreise, die sich letzten Endes als Ergebnis der Betriebs- und Kapital-Disposition darstellen. Es ist Aufgabe der Wirtschaftlichkeitsmessung, den Anteil der technischen und der wirtschaftlichen Produktivität, sowie des Marktanpassungsgrades an dem gesamten Unternehmungserfolg nachzuweisen. Eine Umwandlung der Anlagewerte auf Gegenwarts- bzw. Tagespreise kann ohnedies nicht vorgenommen werden, weil für die Betriebseinrichtungen in Erfolgsrechnung und Kalkulation nicht der Marktpreis, sondern nur der individuelle Betriebs- und Gebrauchswert zugrunde gelegt werden kann. Dieser wird von der Struktur und Organisation und von dem Unternehmungswert beeinflußt. Deshalb müßte eine an sich gleichwertige Einrichtung im Betrieb I anders bewertet werden als im Betrieb II, wenn der Betrieb I infolge seiner höher entwickelten Betriebs- und Wirtschaftsführung eine günstigere Nutzung seiner Betriebsmittel und eine höhere Leistung seiner Arbeitskräfte erzielt als der Betrieb II. Die graduellen Unterschiede, die sich aus dem *inneren Gefüge der Unternehmungen*, aus der Güte der Innenorganisation, aus dem Aufbau der Außenorganisation, dem Verkaufs- und Propagandaapparat, der Qualität der leitenden Kräfte usw. ergeben, sind so erheblich, daß sie unbedingt in den Bilanzen zum Ausdruck kommen müßten. Es ergeben sich daraus *Unternehmungs-Mehr- bzw. Unternehmungs-*

Minderwerte, die in einer Abhandlung von *Auler*[1]) in folgender Weise definiert werden: »*Der Unternehmungs-Mehr- bzw. -Minderwert ist der Wert, um welchen der Gesamtwert der Unternehmung als Wirtschafts-Einheit die Summe der einzelnen in der Unternehmung vereinigten Werte* (Vermögensteile abzüglich der Schulden) *übersteigt oder unterschreitet. Der Unternehmungs-Mehrwert* ist die Gesamtheit der in der Regel nicht selbständig übertragbaren, immateriellen Werte, welche den Ertrag der Unternehmung in günstiger Weise beeinflussen, während der *Unternehmungs-Minderwert* alle Einflüsse umfaßt, welche ungünstig auf den Erfolg einwirken«. In Anlehnung an *Schmalenbach* schlägt Auler für die Berechnung des Unternehmungs-Mehr- und -Minderwertes das *indirekte* Bewertungs-Verfahren vor; er sieht diesen *Wert* als *Unterschied zwischen den Gesamtwerten der Unternehmung und den Reproduktions-Werten der Realien.* Als *Gesamtwert* in diesem Sinne wird das arithmetische Mittel aus den Zukunft-Ertragswerten und den Reproduktionswerten der Realien angesehen. Als *Reproduktionswert der Realien* gilt die Summe der Einzelwerte, die in der Unternehmung zur gemeinsamen Wirkung verflochten sind, unbekümmert darum, ob diese Werte einen Aufwand verursacht haben oder nicht. Auler steht hierbei, entgegen der Auffassung von *Schmidt*[2]), auf dem Standpunkt, daß die *Kosten* der Gründung, der Einführung der Firma, des ersten Einarbeitens *nicht* dem Vermögen zuzurechnen sind, daß sie vielmehr für die Vermögens-Feststellung irrelevant sind, während sie für die Erfolgsermittlung Bedeutung besitzen. Die *Kosten* der Organisation und der Einführung werden nicht als Teile des Vermögens angesehen, sondern nur *die Organisation und die Einführung an sich*[3]).

Wir schließen uns den Darlegungen von *Auler* grundsätzlich an und sind der Auffassung, daß der aus den oben skizzierten Momenten entstehende Unternehmungs-Mehr- oder -Minderwert so erheblich sein kann, daß ein Nachweis in den Bilanzen erwünscht wäre. Erst dann kann die Bilanz ein Spiegelbild der Betriebsstruktur darstellen und einwandfreie Schlüsse hinsichtlich des wahren Wertes der Unternehmung, der stillen Reserven, der künftigen Aussichten usw. gestatten. Erst dann wird sie eine sichere Grundlage für die Finanzierungspolitik bieten,

---

[1]) *Auler*: »Der Unternehmungs-Mehr- und Unternehmungs-Minderwert in der Bilanz« in Z. f. B. 1927, Heft 9—11, Seite 658 ff.

[2]) Vgl. *Schmidt*: »Organische Bilanz« Seite 67.

[3]) Vgl. *Auler* in Z. f. B. Seite 728—736 folgende. Es sei hier auf die eingehenden Untersuchungen und die praktischen buchungs- und bilanztechnischen Beispiele in Heft 11, Seite 839—850 verwiesen.

weil sie Aufschluß über die Unternehmungskraft und ihre Aufstiegmöglichkeiten gewährt. Man kann diesen Unternehmungs-Mehr- oder -Minderwert durch einen Faktor ausdrücken, der unter Zugrundelegung eines »normalen« Unternehmungswertes von 1 den *Unternehmungs-Mehrwert* mit 1,1, 1,2, den *Unternehmungs-Minderwert* mit 0,9, 0,8 usw. ausdrückt und eine Höher- bzw. Minderbewertung gestattet. Als Grundlage für diese Einschätzung der Unternehmungen dürften sich die im nächsten Abschnitt behandelten *Wirtschaftlichkeitsmessungen* eignen, die die Entwicklung der *Wirtschaftlichkeitsquellen*, d. h. der *technischen* und *wirtschaftlichen Produktivität* sowie des Marktanpassungsgrades der Betriebe beleuchten.

Erfolgsanalyse.

Die vornehmste Aufgabe der Buchhaltung liegt in der *kurzfristigen Erfolgsrechnung* und in der damit verbundenen *Offenlegung der Erfolgsquellen*. Zu diesem Zwecke ist eine klare Gliederung des *Kontenbildes* mit weitestgehender Unterteilung der Vermögens- und Unterhaltungskonten erforderlich. Auf den Buchungsunterlagen müssen diese Konten (Kontennummern) von sachkundiger Stelle zwecks einwandfreier buchmäßiger Erfassung vermerkt werden. Hier liegt eine wichtige Voraussetzung für den einwandfreien Vermögensnachweis der Unternehmungen. Insbesondere bedarf die Frage gewissenhafter Prüfung, ob Aufwendungen die Lebensdauer der Anlagen und den *Betriebswert erhöhen* oder ob es sich um eine *Werterhaltung* innerhalb der normalen Betriebszeit der Einrichtungen handelt. Diese Frage kann nur von den mit der Wirkungsweise und der Inanspruchnahme der Betriebsmittel vertrauten Betriebsstellen entschieden werden; in Zweifelsfällen wird man derartige Aufwendungen als Werterhaltung und somit als Instandhaltungskosten betrachten. Hier ist ein enges Zusammenarbeiten zwischen Betriebsbuchhaltung und technischer Betriebsleitung einerseits und zwischen Betriebsbuchhaltung und Geschäftsbuchhaltung andererseits erforderlich.

Für die Ermittlung des reinen Fabrikationsgewinnes oder der technischen Produktivität ist eine Trennung der Buchhaltungskonten in *Bestands- und Erfolgskonten* erforderlich, wie sie heute in den meisten modernen Betrieben durchgeführt ist. Außerdem müssen für diesen Zweck die *Unterkonten* des Fertigungsbetriebes (Unterbetriebe) in Grund- oder Standardwerten geführt werden, damit die Preisschwankungen der Produktionsfaktoren und der Leistungsgüter ausgeschaltet werden. Nach Isolierung dieser Schwankungen ermöglichen die Kontenbilder eine Gegenüberstellung der Kosten- und Leistungsgüter in gleichem Wertmaßstab und bieten damit eine Grundlage für die Beurteilung der *technischen Produktivität.* Eine derartige kontenmäßige Übersicht kann auf selbständige Unterbetriebe ausgedehnt werden, soweit diese ein abgeschlossenes Fertigungsprogramm besitzen und selbständige Fertigungsglieder im Rahmen der Unternehmung darstellen. Ist das nicht der Fall, fließen die Betriebsleistungen sehr stark ineinander über, so ist eine derartige Berechnung für die Unterbetriebe erschwert, weil die mengenmäßige Erfassung der Wechsel- und Gegenleistungen ungenau und kostspielig wird und nur fragwürdigen Wert besitzt. Aus diesem Grunde haben sich die in einzelnen großindustriellen Betrieben schon vor dem Kriege eingeführten »Gruppen-Abrechnungen« als unbrauchbar erwiesen. Als Ersatz hierfür sind *Wirtschaftlichkeits-Messungen* statistischer Art vorzunehmen, die die Wirtschaftlichkeits-Faktoren analysieren. Hierauf wird unten, Seite 95, näher eingegangen werden.

Neben der *technischen* steht die *wirtschaftliche* Produktivität, deren Bedeutung für das Unternehmen ebenfalls von der Kostenrelation der Produktionsfaktoren, somit von der Betriebsstruktur und Betriebsaufgabe abhängig ist. Da sie auf der Nutzung der *Beschaffungsmärkte,* d. h. des Rohstoff-, des Arbeits- und des Kapital-Marktes beruht, müssen zu ihrer Berechnung die *Einstandswerte der Produktionsfaktoren* kontenmäßig erfaßt werden. Ob und inwieweit hierbei eine kontenmäßige Unterteilung (Karteiform) nach Werkstoffgruppen (Metalle, Hölzer, Isolierstoffe usw.), notwendig ist, hängt lediglich vom Umfang des Betriebes und von der Bedeutung der Produktionselemente im Rahmen der Produktionswirtschaft ab. *Wertänderungen am ruhenden Vermögen* müssen auf jeden Fall gesondert ausgewiesen werden, um Trugschlüsse hinsichtlich der Rentabilität der Unternehmung zu vermeiden. Im übrigen muß in diesem Zusammenhang auf die grundlegende Fachliteratur verwiesen werden, die sich sehr eingehend insbesondere mit der bilanzmäßigen Erfolgsrechnung auseinandergesetzt hat [1]).

---

[1]) *Schmalenbach*: »Dynamische Bilanz«, »Selbstkostenrechnung«.
Schmidt: »Organische Bilanz«. »Sind Wertänderungen am ruhenden Vermögen Gewinn oder Verlust?«, in Z. f. B. 1928.
Walb: »Erfolgsrechnung öffentlicher und privater Betriebe«.
»Grundriß der Betriebswirtschaftslehre«, herausgegeben von Mahlberg, Schmalenbach, Schmidt, Walb, Band II. Der Betrieb.

3. Die Statistik.

Aufgabe.

Die dritte Funktion der Betriebsrechnung — *die Statistik* — ist *Vergleichs- und Wirtschaftlichkeits-Messung*. Wirtschaftlichkeitsmessungen sollen die Wirtschaftlichkeits-Faktoren des Betriebes, ihre Beziehungen zueinander und ihren Einfluß auf den Ertrag in den verschiedenen Wirtschaftsperioden verfolgen. Diese Erkenntnis bildet wieder die Grundlage planmäßiger Betriebs- und Wirtschaftsführung und die Voraussetzung eines gesteigerten Wirtschaftlichkeitsgrades des Gesamtbetriebes. Deshalb stellt die *Auswertung* statistischer Ergebnisse die höchsten Anforderungen an die damit betrauten Persönlichkeiten, die das gesamte Betriebsleben erfassen und übersehen müssen.

Die Wirtschaftlichkeitsfaktoren: a) Der Beschäftigungsgrad.

Unter den Faktoren der Wirtschaftlichkeit: Beschäftigungs-, Nutzungs- und Intensitätsgrad muß in erster Linie der *Beschäftigungsgrad* des Gesamtbetriebes und seiner Glieder ermittelt werden. Wir verstanden darunter oben, Seite 12, den Quotienten aus *tatsächlicher*, durch den Auftragsbestand gegebener und optimaler Inanspruchnahme der Betriebsmittel und Arbeitskräfte; diese Ermittlung kann in Betriebsstunden oder Produktionszahlen (Kilogramm, Tonnen, Kilowatt usw.) erfolgen. Ist beispielsweise der Betrieb infolge seines Auftragsbestandes in einer bestimmten Wirtschaftsperiode mit 10 000 Betriebseinheiten (Betriebsstunden, Kilogramm, Stück, Kilowatt usw.) belastet, während er in dem gleichen Zeitraum mit den gegebenen Betriebsmitteln und Arbeitskräften 20 000 Einheiten zu leisten vermag, so ist der Beschäftigungsgrad $\frac{10\,000}{20\,000} = 50\%$. Dabei können nun einzelne Unterbetriebe mit 60%, andere mit 70%, wieder andere mit nur 40% beschäftigt sein. Diese Möglichkeiten eines differenzierten Beschäftigungsgrades der Unterbetriebe zwingen zu einer Gliederung nach Betriebsgruppen und schließlich nach Betriebsstellen. Je feiner diese Unterteilung, um so genauer und aufschlußreicher ist die Einsicht in die produktions- und absatzwirtschaftlichen Zusammenhänge. Insbesondere zeigt die längere und systematische Verfolgung des Beschäftigungsgrades, ob für den gesamten Betrieb oder für einzelne Unterbetriebe eine Über- oder Unterkapitalisierung vorliegt, die aus einer falschen Gründungsdisposition oder aus einer Umschichtung der Absatzverhältnisse entstanden ist. Damit hängt auch die Frage der *Leistungsharmonie* der Unterbetriebe, innerhalb dieser der Betriebsgruppen und Betriebsstellen eng zusammen.

Gewisse Spannungen werden hier immer bestehen, wenn die Zusammensetzung der Aufträge, wie beispielsweise in der Spezial- und Einzelfertigung, sehr verschiedenartig ist. Es sind dann innerhalb des Betriebes verschiedenartige Aufgaben zu lösen, die aus der verschiedenen Kostenrelation der Produktionsfaktoren im einzelnen Falle entstehen und die Betriebsmittel- und Arbeitskräfte in verschiedenem Ausmaß beanspruchen. Hier wird von Fall zu Fall zu entscheiden sein, ob die durch eine ungleichartige Auftragsgliederung entstehenden Spannungen in der Ausnutzung der Betriebsmittel durch den Verkaufspreis ausgeglichen werden, oder ob ein Einheits-Fertigungsprogramm mit einer einheitlichen Betriebsaufgabe den Wirtschaftlichkeitsgrad des Gesamtbetriebes zu verbessern vermag. Die Beobachtung des Beschäftigungsgrades regt ferner zu den oben erwähnten *preistaktischen und preispolitischen Maßnahmen* an, deren Ziel in einer Regulierung der Belastung des Gesamtbetriebes oder einzelner Unterbetriebe in der kostenmäßig günstigsten Richtung gipfelt. An sich ist der Beschäftigungsgrad zwar nur eine mengenmäßige Messung des Betriebes, die aber doch bei Berücksichtigung der gesamtwirtschaftlichen Struktur und des Beschäftigungsgrades gleichartiger Unternehmungen eine gewisse *Qualitätsmessung der Unternehmertätigkeit* bedeutet. Man kann hieraus gewisse Schlüsse hinsichtlich der Beweglichkeit der Unternehmerdisposition, der Anpassung an den Markt, der Rührigkeit der Verkaufs- und Propagandatätigkeit usw. ziehen. Naturgemäß hängt die Entwicklung des Beschäftigungsgrades auch von *betriebsinneren* Momenten ab, die neben der Qualitätsfrage und Rechnungsstellung in der Güte der Betriebsorganisation, insbesondere der Bestell-, Termin-, Lager-, Versandwirtschaft usw. bestehen, Momente, die den Unternehmungs-Mehr- oder Minderwert beeinflussen.

b) Der Nutzungsgrad.

Die Beurteilung eines Betriebes auf Grund dieser *Mengenmessung* ergibt aber noch kein vollkommenes Bild seiner Wirtschaftlichkeit bzw. der in ihm wirkenden Kräfte. Hier muß eine *Qualitätsmessung* der Betriebsführung hinzutreten. Als eine solche Qualitätsmessung betrachtachten wir den zweiten Wirtschaftlichkeitsfaktor des Betriebes; *den Nutzungsgrad*. Wir haben diesen Nutzungsgrad definiert als den Quotienten aus den reinen Arbeitsstunden (Operationszeiten = Nettozeiten) und den im Rahmen des Beschäftigungsgrades beanspruchten Betriebsstunden (Bruttozeiten). Betragen beispielsweise die effektiven Arbeits- oder Operationsstunden einer Betriebseinheit, z. B.

Maschine, einer Maschinengruppe, einer Betriebsabteilung 150 gegenüber 200 Einheiten Betriebsstunden, so ist der Nutzungsgrad = 150/200 = 75%. Dieser Faktor zeigt die unmittelbare Ausnutzung der Betriebsmittel und läßt die organisatorisch-dispositive Befähigung der Betriebsleitung bzw. die Güte der Betriebs- und Arbeitsorganisation erkennen, von der — im Rahmen des gegebenen Beschäftigungsgrades — die Höhe des Nutzungsgrades im Wesentlichen abhängt. Allerdings muß hier noch ein Umstand berücksichtigt werden, d. i. der durch die Arbeitsvorgabe selbst bedingte *feste* Zeitaufwand für das Einrichten, Vorbereiten und Zurichten der Betriebsmittel, Werkzeuge und Werkstoffe. Mit diesen Einschränkungen bietet die Verfolgung des Nutzungsgrades die Grundlage aller die Ausschaltung vermeidbarer Verlustzeiten erstrebenden Maßnahmen, die einen relativ reibungslosen Ablauf des Produktionsprozesses herbeizuführen suchen. Die Voraussetzung hierfür ist aber die Analyse der Betriebsstunden, die den Zeitaufwand in seine Elemente zerlegt und hierbei auch die Warte- und Standzeiten — unter Benennung ihrer Ursachen — aufdeckt. Das kann auf dem Wege automatischer Aufzeichnungen durch Kontrollapparate (z. B. bei Druckerei-Maschinen usw.) oder durch die Aufschreibungen gewissenhafter Arbeitskräfte auf den Arbeitsunterlagen geschehen. Das Entscheidende hierbei ist die *Auswertung dieser Aufzeichnungen durch planmäßige Untersuchungen aller Verlustzeiten nach ihren Ursachen,* die im Rahmen der vorgezeichneten Betriebsaufgabe und der durch die Besonderheiten der Aufträge bedingten Arbeitsvorgabe beseitigt werden müssen.

c) Der Leistungsgrad.

Als ein weiteres Kriterium der Qualität der Betriebsleitung dürfte schließlich der dritte Wirtschaftlichkeitsfaktor des Betriebes gelten: der *Leistungsgrad bzw. Intensitätsgrad der Arbeitskräfte.* Wir haben diesen Leistungsgrad als den Quotienten aus der tatsächlichen (Ist-)Leistung und der optimalen (Soll-)Leistung definiert. Ist beispielsweise das aus Erfahrungswerten oder Leistungsstudien — unter Berücksichtigung der gegebenen betrieblichen und organisatorischen Grundbedingungen — ermittelte Optimum 1000 Einheiten je Arbeitsstunde und die Durchschnittsleistung einer Arbeits- oder Betriebsgruppe beträgt 900 Einheiten, so ist der Leistungsgrad 900/1000 = 90%. Derartige Leistungs- oder Intensitätsmessungen können sich auf Stichproben beschränken, müssen aber dann für die verschiedenen Arbeits- oder Betriebsgruppen ermittelt werden. Sie dienen einmal zur Beurteilung der Eignung der Arbeitskräfte und andererseits als Grundlage arbeitstechnischer und arbeitsorganisatorischer Verbesserungen. Wenn diese Messungen auch nicht periodisch durchgeführt zu werden brauchen, so ist die sofortige Kenntnis von schwankenden Leistungsgraden doch von erheblicher Bedeutung, weil Leistungs-Spannungen zu Störungen im Produktionsablauf führen, die durch Verstärkungen der Produktionsmittel oder durch betriebsorganisatorische Maßnahmen behoben werden können. Oft ist dieser Weg nicht der richtige, wenn er unzweckmäßige Kapitaldispositionen nach sich zieht, während der Austausch der Arbeitskräfte die zweckmäßigere Art der Lösung darstellt.

Als Unterlagen dieser Leistungsmessungen können Arbeitsscheine und Arbeitspläne des Fertigungsbetriebes dienen, die die Abweichungen zwischen Ist- und Soll-Leistungen aufzeigen und in bestimmten Zeitperioden summarisch erfaßt werden. Wenn es sich hierbei herausstellt, daß der Leistungsgrad bestimmter Arbeitsgruppen des Betriebes geringer ist im Vergleich zu denjenigen gleichartiger Betriebe, so muß untersucht werden, ob die Gründe in der Güte der Arbeitskräfte oder in der Arbeitsorganisation und Arbeitstechnik liegen. Bei diesen Vergleichen muß indes festgestellt werden, ob in beiden Betrieben die gleichen Vorbedingungen hinsichtlich Auftragsbestand, Auftragsart und Arbeitsvorgabe vorliegen, auf die oben hingewiesen worden ist. Die Zerlegung der Arbeitszeiten in Haupt- und Nebenzeiten und in ihre Elemente zeigt schon, ob in dem anderen Betriebe die gleichen Arbeitsbedingungen bestehen, wie sie durch die Arbeitsmengen und Arbeitsmittel, vor allem Zahl und Güte der Werkzeuge, Hilfsvorrichtungen, Meßwerkzeuge usw. gegeben sind. Außerdem dürfen hierbei die arbeitshygienischen Verhältnisse nicht außer Betracht gelassen werden. (Vgl. oben, Seite 37.) Je vollkommener die Arbeitsanalyse im Fertigungsbetriebe ist, um so klarer zeigen sich auch die einzuschlagenden Wege etwaiger Verbesserungen der Arbeitsbedingungen in betriebstechnischer, -organisatorischer und -hygienischer Hinsicht; um so geringer ist auch die Gefahr von Fehlmaßnahmen aus Zufälligkeitsergebnissen.

Das Produkt aus Beschäftigungs-, Nutzungs- und Leistungsgrad stellt die *gesamte Ausbringung* des Betriebes dar und ermöglicht bei längerer Beobachtung, insbesondere bei weitgehender Unterteilung nach Unterbetrieben, wertvolle Schlußfolgerungen hinsichtlich der Entwicklung des Betriebes, läßt also die Betriebsdynamik klar erkennen. Wenn diese Kennziffer aus dem eigenen Betriebe den unter gleichen Vorbedingungen arbeitenden verwandten Betrieben (gleiche Betriebsaufgabe mit gleichen

Kostenrelationen) gegenübergestellt wird, so liegt hierin ein nicht zu unterschätzender Richtungszeiger und Ansporn für die Betriebsleitung.

Kennziffern.

Eine systematische Durchleuchtung des Betriebsorganismus mittels statistischer Wirtschaftlichkeitsmessungen läßt auch gewisse Schlüsse bezüglich der Güte einzelner Betriebsfunktionen bzw. -organe zu. Es kann z. B. der Erfolg der *Beschaffungsdisposition* bzw. der Einkaufstätigkeit aus der Gegenüberstellung zwischen durchschnittlichen Einkaufspreisen und Marktpreisen bestimmter, vor allem der wichtigsten Werkstoffgruppen ermittelt werden. Als Unterlagen für derartige Teilmessungen sind die in fast allen Betrieben vorhandenen Hilfsmittel in Form von Einkaufskarteien verwendbar. In ähnlicher Weise läßt sich innerhalb der technischen Produktivität etwa der Wirtschaftlichkeitsgrad der *Arbeitsvorbereitung und Arbeitsführung* ermitteln. Hier zeigt die Verfolgung des Nutzungsgrades der Betriebsmittel und des Leistungsgrades der Arbeitskräfte den Erfolg arbeitsorganisatorischer und arbeitstechnischer Maßnahmen. Eine Umrechnung der erzielten betrieblichen Verbesserungen in absolute Zahlen und deren Gegenüberstellung mit dem Kostenverbrauch der Arbeitsvorbereitung zeigt mit hinreichender Genauigkeit den tatsächlichen Erfolg neuzeitlicher Arbeitsführung und Betriebsorganisation. Es soll hiermit durchaus nicht einer Überschätzung derartiger mathematischer Berechnungen das Wort geredet werden. Messungen können immer nur die *rationalen* Momente erfassen. Es ist zum Beispiel nicht möglich, den Einfluß hygienischer Maßnahmen oder verbesserter Löhnungsmethoden oder gar eines besseren persönlichen Kontaktes zwischen Betriebsleitung und den Arbeitskräften u. a. m. auf die Verbesserung des Wirtschaftlichkeitsgrades des Betriebes eindeutig zu bestimmen oder zahlenmäßig auszuwerten. Darauf kommt es auch weniger an. Der Nutzen derartiger Untersuchungen liegt vorwiegend in der Aufdeckung der wichtigsten kausalen Zusammenhänge, in der Aufzeigung der Wege, die bei systematischer Verfolgung zu Verbesserungen führen. Darin liegt vor allem die Unterstützung und Kontrolle der organisatorisch-dispositiven Arbeit der Betriebs- und Unternehmungsleitung. Deshalb sollten diese Messungen möglichst weit entwickelt werden.

Im folgenden seien die wichtigsten Kennziffern wiedergegeben, die für die Beurteilung des Betriebes von Bedeutung sind:

1. *prozentuale* Unterteilung des Gesamtkapitals in Anlage- und Betriebskapital;

2. *prozentuale* Unterteilung des Anlagekapitals in Unterarten (Gebäude, Arbeits- und Betriebsmaschinen, Vorrichtungen usw.);
3. *prozentuale* Unterteilung des Betriebskapitals in Unterarten (Rohstoffe, Teilerzeugnisse usw.);
4. *Umschlagziffer* des Betriebskapitals;
5. *Leistung* je Kopf der Belegschaft, je Betriebsstunde, je qm Raum, je RM 1000.— Anlagekapital (in Grundwerten);
6. *prozentualer* Anteil der Produktionsfaktoren an der Gesamtleistung;
7. *prozentuale* Unterteilung des Produktionsfaktors: »*Werkstoff*« nach Untergruppen (Metalle, Hölzer, Isolierstoffe usw.);
8. *prozentuale* Unterteilung des Produktionsfaktors: »*Arbeit*« nach Untergruppen (Berufsarten, Altersstufen, Geschlecht);
9. *prozentuale* Unterteilung der »Gemeinkosten« in feste und veränderliche;
10. *prozentuale* Unterteilung der festen Kosten in Unterarten (fertigungstechnische, verwaltungstechnische);
11. *prozentuale* Unterteilung der veränderlichen Kosten (Energiekosten, Betriebsmaterialien, Propagandakosten usw.);
12. *prozentuale Gliederung* der *Leistungsumsätze* (in Grundmark) nach Erzeugnis- oder Betriebsgruppen;
13. *prozentuale* Gliederung der Verkaufsumsätze (Tageswerte) nach
    a) Erzeugnisgruppen,
    b) Absatzorten,
    c) Abnehmerarten (Industrie, Landwirtschaft, Handel).

Diese Kennziffern müssen *periodisch* berechnet werden, weil erst ihre laufende Gegenüberstellung einen tieferen Einblick in die Betriebsdynamik gestattet. Daneben können *besondere* Kennziffern einmalig oder in längeren Zeitabständen ermittelt werden, wenn es sich um die einmalige Kontrolle besonderer Erscheinungen und Maßnahmen handelt, wie sie etwa in der Gegenüberstellung zwischen Ist- und Sollwerten in der Lager-, Lohn-, Versandwirtschaft usw. gegeben sind. Häufig werden derartige Berechnungen laufend durchgeführt, selbst dann, wenn sie aus einem besonderen Anlaß entstanden und nur für einen besonderen Zweck brauchbar sind. Das gleiche gilt sinngemäß für die *Revisionstätigkeit* überhaupt, die viel zu sehr auf *schematische Wiederholungen*, auf Prüfung bestimmter Vorgänge eingestellt ist, weil ihr oft die geistige Führung fehlt. Häufig stößt man auf groß angelegte Revisionsabteilungen mit verhältnismäßig geringem Wirkungsgrad, weil sie immer wieder die gleichen Vorgänge einer »Prüfung« unterziehen, statt im Zusammenhang mit Wirtschaftlichkeitsmessungen neue Wege zu suchen, die den Wirtschaftlichkeitsgrad des Betriebes zu verbessern vermögen.

Auswertung der Kennziffern.

Die Grundbedingung bei allen Vergleichen ist, daß die Kennziffern auf einem kausalen Zusammenhang der Grundziffern basieren, daß sie mit dem Betriebsleben, den Einrichtungen und Maßnahmen des Betriebes in lebendigem Zusammenhang stehen. Deshalb muß die Statistik die Grundzahlen der Buchhaltung und Kalkulation in der Weise gliedern, daß die Ableitung wichtiger Erkenntnisse ermöglicht wird. Beispielsweise ist erst die Inbeziehungsetzung der Unterarten des Anlage- oder Betriebskapitals zu der *Betriebsleistung* von aufschlußreicher Bedeutung für die Beurteilung der inneren Kapitaldisposition und somit für die Feststellung, ob die Gliederung und Verbindung der Anlage- und Betriebskapitalien an sich und das Verhältnis beider zueinander ein Optimum der Leistung ermöglicht. Die optimale Umschlagziffer muß aus dem Erträgnis heraus beurteilt werden. *Hier kann nicht der Drang nach beliebiger Steigerung des Kapitalumschlages ohne Rücksicht auf die durch die Betriebsstruktur gegebene Wirtschaftlichkeitsgrenze entscheidend sein.*

Ähnliche Überlegungen gelten für die oben, Seite 95, erörterten Wirtschaftlichkeitsfaktoren: Beschäftigungs-, Nutzungs- und Intensitätsgrad und das Produkt aus ihnen: die Gesamtnutzung des Betriebes. Über die Ermittlung dieser Faktoren haben wir uns an der gleichen Stelle ausgesprochen. Hier seien noch einige Ausführungen bezüglich der Auswertung dieser Messungen gemacht, die man zweckmäßigerweise in tabellarischer und in graphischer Form veranschaulicht. Angestrebt muß auf jeden Fall werden, daß diese Wirtschaftlichkeitsfaktoren nicht nur für den Gesamtbetrieb als Durchschnittsgrößen, sondern möglichst weitgehend für jeden Unterbetrieb bzw. jede Betriebsgruppe dargestellt werden. Das ist besonders dann notwendig, wenn der Betrieb keine *einheitliche* Aufgabe hat, demzufolge auch kein einheitliches Gefüge besitzt, weil im Interesse hoher Wirtschaftlichkeit ein vielseitiges Erzeugungsprogramm unter voller Berücksichtigung aller Abnehmerwünsche durchgeführt werden muß. In diesem Falle ist es von besonderer Wichtigkeit, daß der Beschäftigungsgrad des Betriebes auf den vollen Beschäftigungsgrad des *kapitalintensivsten* Unterbetriebes abgestimmt wird, d. h. desjenigen Betriebsteiles, dessen *fester* Kostenbestandteil an den Gesamtkosten am höchsten ist. Geschieht das nicht, wird vielmehr die Steigerung des Beschäftigungsgrades des Gesamtbetriebes mittels preistaktischer und preispolitischer Maßnahmen bis zur äußersten Grenze getrieben, so nimmt die Wirtschaftlichkeit des Gesamtbetriebes schnell ab, weil in einzelnen Unterbetrieben eine Überlastung erfolgt, die Kapitalinvestierungen mit *höheren festen Kosten* und schließlich *progressiven Kosten* nach sich zieht. Es kommt somit nicht darauf an, daß der Beschäftigungsgrad in allen Unterbetrieben gleichmäßig hoch ist, sondern daß die einzelnen Belastungsgrade auf einer der optimalen Belastung des Gesamtbetriebes entsprechenden Höhe gehalten werden.

Diese Überlegungen gelten sinngemäß für den *Nutzungsgrad* der Betriebsmittel. Auch hier kann nicht ein gleich hoher Nutzungsgrad für alle Betriebsstellen erreicht werden. Ebensowenig kann man schon aus den verschiedenen Nutzungsgraden innerhalb der Unterbetriebe auf die Qualität der Betriebsleitung schließen. Das ist vielmehr nur dann möglich, wenn gleiche Vorbedingungen in konstruktions- und betriebstechnischer Hinsicht vorliegen. Wenn dagegen in einem Unterbetriebe eine laufende *Massenfertigung* mit relativ geringen festen Zeiten für Einrichtung, Vorbereitung und Zurichtung der Betriebsmittel vorliegt, im anderen Unterbetriebe eine häufig wechselnde Reihenfertigung mit relativ hohem festem Zeitaufwand in Frage kommt, so muß auch der Nutzungsgrad der betreffenden Betriebsmittel verschieden sein. Bei der laufenden Massenfertigung kann er beispielsweise 80%, bei der wechselnden Reihenfertigung vielleicht nur 60% betragen; dabei braucht der erste Fall an sich durchaus nicht günstig zu liegen, während der 60prozentige Nutzungsgrad des zweiten Falles das Optimum darstellt, das nur durch eine besonders verfeinerte Arbeitsorganisation und Arbeitstechnik erreichbar ist. Diese Überlegungen gelten ebenfalls für den Intensitätsgrad der verschiedenen Unterbetriebe bzw. Betriebsgruppen einer Unternehmung. Auch hier müssen erst die gegebenen Vorbedingungen, z. B. Art und Veranlagung der Arbeitskräfte, räumliche und hygienische Verhältnisse, Löhnungsfragen und dergleichen geprüft werden, bevor Schlüsse hinsichtlich der Dispositionsfähigkeit der Betriebsleiter gezogen werden dürfen.

Es ist deshalb notwendig, die Berechnung der Wirtschaftlichkeitsfaktoren, insbesondere des Nutzungs- und Intensitätsgrades, zwar nach den gleichen Gesichtspunkten, ihre Auswertung aber nur unter Berücksichtigung aller Bedingungen des einzelnen Betriebes und seiner Glieder vorzunehmen, damit Fehlschlüsse vermieden werden.

Abwegig ist es, wenn »Nur-Statistiker« auf Grund dieser Messungen ohne weiteres zu Werturteilen gelangen und daraus Maßnahmen weittragender Natur ableiten. Diese Neigungen bestehen häufig in Zentralverwaltungen von großen Unternehmungen, überhaupt da, wo man fehlende Erkenntnisse unter kühnen Kombinationen zu verbergen trachtet.
Ähnliche Überlegungen gelten auch für die Beurteilung der *Wirtschaftlichkeitsquellen* (vgl. oben, S. 13/18). Auch hier dürfen beim Vergleich einzelner Werksglieder oder der Werke innerhalb einer Unternehmung *keine isolierten Betrachtungen* hinsichtlich der technischen *oder* der wirtschaftlichen Produktivität *oder* des Marktanpassungsgrades angestellt werden. Als Grundlage der Wertung und für die Disposition der Unternehmungsleitung darf nur die *Gesamtheit* aus technischer *und* wirtschaftlicher Produktivität *und* Marktanpassungsgrad der Unternehmungsglieder dienen. Beispielsweise wird in den Unterbetrieben mit hohem Arbeits- und Anlagen-Kostenanteil die *technische* Produktivität im allgemeinen höher, weil von größerer Bedeutung für die Wirtschaftlichkeit des Unterbetriebes sein als in den unter hohem Werkstoffaufwand arbeitenden Unterbetrieben. Es kommt hierbei außerdem in Betracht, ob und inwieweit sich noch eine mengenmäßige Ersparnis am Werkstoff durch zweckmäßige Arbeitsverfahren ermöglichen läßt und ob die Beschaffungsmärkte mehr einen stetigen oder veränderlichen Charakter tragen u. dgl. m. Die Verbesserung der *wirtschaftlichen* Produktivität ist z. B. nur dann erstrebenswert, wenn die Beschaffungsgewinne keine Verminderung der Qualität der Werkstoffe usw. herbeiführen und damit die technische Produktivität gefährden (Nacharbeiten, Ausschuß). Auch bezüglich des *Marktanpassungsgrades* gelten ähnliche Überlegungen. Diese Produktivitätsquelle wird letzten Endes immer von entscheidender Bedeutung für die Wirtschaftlichkeit des Betriebes bleiben, vor allem bei starken strukturellen und konjunkturellen Wandlungen der Gesamtwirtschaft. Ihre Messung erfolgt in der oben, S. 14, erläuterten Weise durch Gegenüberstellung der Preisindexziffern der Kosten- und der Leistungsgüter. Bei einem dauernden relativen Anstieg des Kostenindexes wird die Frage einer Umschaltung der Betriebsaufgabe akut.
Bei der Betrachtung der *Kalkulation* ist oben, S. 85, auf die Bedeutung der *Grundwerte* hingewiesen worden [1]). Da diese Grundwerte die betriebsäußeren Einflüsse eliminieren, so zeigen sie unmittelbar den Ein-

---

[1]) Vgl. *Hellwig*: »Neuzeitliche Selbstkostenberechnung«, Seite 37—50.

fluß produktionswirtschaftlicher, d. h. produktionstechnischer und produktionsorganisatorischer Veränderungen, wie sie durch die Entwicklung der Konstruktions- und Fertigungstechnik gegeben sind. Jede konstruktionstechnische Umwälzung bedingt in der Fertigung eine mengen- bzw. kostenmäßige Verschiebung der Produktionsfaktoren, die sich in der Zusammensetzung des Grundwertes der Erzeugnisse niederschlägt. Das gleiche gilt bei fertigungstechnischen Änderungen, beispielsweise beim Übergang von der Hand- zur Maschinenarbeit und umgekehrt, bei Anwendung anderer Produktionsmittel, z. B. größerer oder kleinerer Maschinen, Benutzung größerer oder kleinerer Hilfsvorrichtungen usw. Diese Momente müssen bei der Wertung von Kennziffern berücksichtigt werden, z. B. bei der *Leistungsberechnung in Grundwerten* je Kopf, je Betriebsstunde, je RM. 1000.— Anlagekapital. Es kann demzufolge bei einer Leistungsveränderung nicht ohne weiteres auf eine Veränderung der Arbeitsintensität geschlossen werden, da *Verschiebungen* in den Produktionsfaktoren stattgefunden haben können (Leistung als Summe aller Produktionsfaktoren, in Grundwerten gerechnet). Dieser Schluß wäre erst dann berechtigt, wenn keinerlei Veränderungen in der Bauart und in der Fertigung selbst vorliegen; das ist gewöhnlich nur für eine kurze Zeit der Fall. Auch bei völlig gleichbleibenden konstruktions- und fertigungstechnischen Vorbedingungen und demzufolge bei unveränderter Zusammensetzung der Produktionsfaktoren müssen erst die *tieferen Ursachen* eines Leistungsrückganges untersucht werden, ehe irgendwelche Schlüsse gezogen und Maßnahmen getroffen werden. Vor allem muß festgestellt werden, *an welcher Betriebsstelle bzw. in welchem Unterbetrieb* eine Leistungsänderung eingetreten ist. Diese Untersuchung wird in den meisten Fällen die Mängel allgemeiner oder besonderer Natur aufdecken und die Wege zur Abhilfe vorzeichnen.

Umschlagziffer.

Eine wesentliche Kennziffer für die Beurteilung des Betriebes ist die *Umschlagziffer*, d. h. die Meßziffer der Umsatzgeschwindigkeit. Hierbei wird im allgemeinen unterschieden zwischen der Umsatzschnelligkeit der Erzeugnisse und derjenigen des Kredit- und Eigen-Kapitals. Die Umsatzschnelligkeit der Erzeugnisse wird durch die mittlere Lagerdauer, d. h. den Quotienten aus Leistungswert eines Jahres und durchschnittlichem Lagerwert ausgedrückt. Die Umsatzgeschwindigkeit der Debitoren ergibt sich aus der Summe der Zahlungseingänge, dividiert durch den Durchschnittsbestand der Außenstände. In gleicher Weise wird aus der Summe der Zahlungsausgänge und dem Durchschnittsbestand an Warenschulden der Kreditoren-Koeffizient gewonnen. Aus diesen Zahlen ergibt sich die Schnelligkeit des Kapitalumlaufs in der Weise, daß die mittlere Lagerdauer und Debitoren-Kreditfrist (in Tagen gerechnet) addiert werden und hiervon die Kreditoren-Kreditfrist (in Tagen gerechnet) subtrahiert wird. Je schneller der Umsatz in einer Wirtschaftsperiode ist, um so mehr kann im allgemeinen der Ertrag durch Vervielfältigung des Einzelgewinnes der Umsatzmenge gesteigert werden. Das setzt natürlich voraus, daß es sich um echten Umsatz handelt, also um tatsächlichen Absatz und nicht nur um den Leistungsumsatz des Werkes, der in den Lagern verbleibt und zu Zinskosten und Entwertungsverlusten führt. Infolgedessen sinkt der Kapitalbedarf auch erst mit steigender Umschlagziffer und ermäßigt dadurch den Kapitaldienst. Vielfach hat man aber den Werkstätten- bzw. Fabrikationsdurchlauf als Umschlagziffer betrachtet und den Zeitaufwand vom Bestellungseingang bis zur Inangriffnahme der Fertigung und denjenigen vom Abschluß der Fertigung bis zum tatsächlichen Umsatz, d. h. bis zum Eingang der Gegenleistung des Abnehmers außer acht gelassen. Aus dieser irrtümlichen Einstellung erklären sich die abwegigen Schlüsse hinsichtlich der wirtschaftlichen Auswirkung aller produktionsbeschleunigenden Maßnahmen. Das hat sich zuweilen bei der Umstellung deutscher Betriebe auf »Fließarbeit« gerächt und durch übertriebene Hoffnungen den gesunden Grundgedanken der Fließarbeit diskreditiert. Im einzelnen Falle muß sich die *Höhe des Umlaufkapitals* nach dem *Umfang und Charakter der Produktion* und den *Absatzmöglichkeiten* des betreffenden Wirtschaftszweiges richten. Die Betriebe im Großmaschinen-, im Lokomotiv- und Waggonbau, im Hebezeug-, im Brückenbau usw. bedürfen zur Erzielung des optimalen Wirtschaftlichkeitsgrades eines relativ höheren Betriebskapitals als ein Betrieb stetiger Massenfertigung von Schrauben, Schaltern, Sicherungen, Blechwaren usw. In den erstgenannten Betrieben der Einzel- und Spezialfertigung ist ein etwa dreimaliger Umschlag des Betriebskapitals schon das Optimum, das bei einer Durchlaufzeit von 4—6 Monaten im Einzelfall eine hervorragende Disposition und Organisation voraussetzt. In Betrieben der laufenden Massenfertigung kann dagegen ein 5—6 maliger Umschlag des Betriebskapitals durchaus noch ungenügend sein, wenn die Durchlaufszeit der Erzeugnisse durch den Fertigungsbetrieb nur Stunden oder Tage und der Umschlag vom Bestellungs- bis zum Zahlungseingang nur einige Wochen beträgt. Deshalb kann auch aus verschieden hohen Umschlagsziffern weder innerhalb einer Konzern-Unternehmung und noch weniger bei verschiedenartigen Unternehmungen auf die Güte der Betriebs- oder Unternehmungsdisposition geschlossen werden. Es bleibt immer abwegig, aus der isolierten Betrachtung einzelner Kennziffern Werturteile über die Betriebe und Unternehmungen zu fällen oder weitreichende Maßnahmen darauf aufbauen zu wollen [1]).

b) Ergebnisse der Betriebs-Untersuchungen.

Allgemeine Eindrücke.

Es muß hier festgestellt werden, daß der betriebswirtschaftliche Erkennungs- und Messungsdienst in den untersuchten Betrieben bei weitem nicht auf einer Höhe steht, die eine planmäßige Durchdringung des Betriebes, eine genauere Erkenntnis und Auswertung der Betriebsvorgänge ermöglicht. Solange diese Grundbedingung nur in unvollkommener Weise erfüllt ist, kann die planmäßige Betriebs- und Wirtschaftsführung nicht zu der erforderlichen Auswirkung gelangen. Das muß im Hinblick auf die Reorganisationsarbeiten der nächsten Jahre nachdrücklich betont werden. Die Beobachtungen und Eindrücke anläßlich der Betriebs-Untersuchungen zeigen weiter, daß die Routine des »Nur-Praktikers« versagt, daß andererseits die Ergebnisse der betriebswirtschaftlichen Forschung noch nicht genügend Eingang in die Betriebe gefunden haben. Auf der einen Seite pflegen die Betriebe planmäßigen Untersuchungen Widerstand entgegenzusetzen, auf der anderen Seite sprechen sie allzu gern in falscher Verallgemeinerung von der »Betriebs- und Weltfremdheit« der wissenschaftlichen Forschung. In beiderseitigem Interesse muß hier ein engeres Zusammenarbeiten zwischen Praxis und Forschung einsetzen, damit die Praxis das langwierige und kostspielige Experimentieren spart und die wissenschaftliche Forschung aus dem lebendigen Kontakt mit der Wirtschaft die Dringlichkeit und graduelle Bedeutung der Fragen klar einzuschätzen vermag. Der organische Aufbau des Rechnungsapparates, insbesondere die Aufstellung kausaler Kennziffern und ihre Auswertung in organisatorisch-dispositiver Beziehung, wird ein fruchtbares Betätigungsfeld der

[1]) Die wissenschaftliche Behandlung der Statistik befindet sich noch in den Anfangsstadien; das ist begreiflich, weil hierzu neben besonderer Schulung ein langjähriges praktisches Studium an den Quellen der Wirtschaft, den Betrieben erforderlich ist. An dieser Stelle seien genannt:
Leitner: »Kontrolle, Revisionstechnik und Statistik industrieller Unternehmungen«, Berlin 1916/17.
Isaak: »Betriebswirtschaftliche Statistik«, Berlin 1926.
Rummel: »Erhöhung der Wirtschaftlichkeit in technischen Betrieben der Groß-Industrie«, Düsseldorf 1926.

betriebswirtschaftlich geschulten Kräfte werden. Hier bestehen einige hoffnungsvolle Ansätze, die im Interesse der Unternehmungen, vor allem im Hinblick auf die schwierigen Aufgaben der Markteingliederung und der organischen Umgestaltung der Betriebe, mit allen Kräften gefördert werden sollten.

Einzelbeobachtungen.

Aus der Fülle der Eindrücke seien hier nur die wichtigsten typischen wiedergegeben. In den *mittleren und kleineren* Betrieben mangelt es vielfach an einer planmäßigen, umfassenden Betriebsrechnung überhaupt. Insbesondere in der Textil- und Holzwaren-Industrie, im graphischen Gewerbe u. a. m. stößt man auf eine Fülle von nebeneinander herlaufenden Aufschreibungen, die aber infolge mangelhafter Verbindung keinen genügenden Einblick in die Struktur des Betriebes und die kausale Verknüpfung der Betriebsvorgänge ermöglichen. Dabei verursachen derartige Aufschreibungen erhebliche, größtenteils *unproduktive* Kosten, weil die Auswertung höchst mangelhaft ist, vereinzelt sogar zu bedenklichen Schlußfolgerungen und Maßnahmen führt. Die *größeren* Betriebe dagegen verfügen über eine relativ vollkommene Rechnungsapparatur, die aber auch nicht immer die enge Verbindung mit dem Betriebsleben, vor allem mit dem Fertigungsbetriebe aufweist. Wenn eine einheitliche Oberleitung und Führung dieser Rechnungsapparatur fehlt und die Unterglieder in Kompetenzkonflikten miteinander liegen, so ist der Wirkungsgrad der gesamten, meist unter erheblichem Kostenaufwand arbeitenden Rechnungsorgane recht gering. In Konzern-Unternehmungen überwiegt hin und wieder die *Sortier- und Schreibarbeit,* die schematische Registrierung der Betriebsvorgänge, die eine Verfolgung des Produktions- und Wertumlaufes vernachlässigt oder verhindert. Eine Folgeerscheinung davon ist das zeitliche Nachhinken von Erfolgsrechnung, Statistik und Kalkulation. Die *Wirtschaftlichkeits-Messungen* in dem hier behandelten Sinne befinden sich meist noch im Anfangsstadium, wenn man von rühmlichen Ausnahmen in einigen modernen Unternehmungen absieht. Infolgedessen sind auch die Grundlagen einer zielbewußten *Preispolitik und -taktik* nicht vollkommen. Stark verbesserungsbedürftig sind zumeist die Methoden der *Betriebskontrolle.*

Man darf sich über den unbefriedigenden Stand des Rechnungswesens nicht durch neuzeitliche *Mittel der Organisation* täuschen lassen, an denen oft nicht gespart wird, weil man sie als das Allheilmittel wirtschaftlicher Betriebsführung betrachtet. Alle derartigen Hilfsmittel des Rechnungswesens, wie Additionsmaschinen, Hollerith-Maschinen, Registrierapparate und dergl. mehr, können nur unter geistiger Führung wirkungsvoll werden. Immer noch trifft man an der Spitze der einzelnen Rechnungsabteilungen, insbesondere der Kalkulationsabteilungen, ausgediente Betriebsbeamte, denen man dort das Gnadenbrot glaubt gefahrlos geben zu können. Diese Personalpolitik ist eine schwere Belastung des Betriebes, weil sie den Fortschritt hemmt, weil sie der Betriebsleitung die zur Verbesserung des Wirtschaftlichkeitsgrades erforderliche Erkenntnis verwehrt. Deshalb ist die wichtigste Vorbedingung für die Durchführung dieser hier vorgezeichneten Aufgabe die Heranziehung wissenschaftlich geschulter und vielseitig erfahrener Köpfe. Es sollte erkannt werden, daß das betriebliche Rechnungswesen ebenso zu den *höheren Betriebsfunktionen* gehört wie etwa die Arbeitsvorbereitung, die Betriebsführung, die Versuchs- und Fortschrittsarbeiten usw. Es ist wieder eine Folge der unzulänglichen Besetzung vieler Rechnungsabteilungen, daß zwischen Rechnungswesen und Fertigungsbetrieb nicht die wechselseitige und befruchtende Verbindung besteht. Außerdem fällt als allgemeine Erscheinung eine gewisse Starrheit im industriellen Rechnungswesen auf. Das muß um so mehr wundernehmen, als gerade hier Elastizität und feinste Anpassung an den Betriebsorganismus notwendig sind, um den Produktions- und Wertumlauf wirksam verfolgen zu können. Man stößt insbesondere in der Buchhaltung, aber auch in der Kalkulation, auf veraltete Methoden, die nicht mehr den gegenwärtigen und künftigen Bedürfnissen der Unternehmungen gerecht zu werden vermögen. Hier herrscht vielfach die Form, nicht der Geist. Infolgedessen gehen die hartnäckigsten Widerstände bei einer geplanten Umstellung von der Verwaltungsapparatur des Betriebes, überhaupt vielfach von den Rechnungsstellen aus. Das ist besonders dann der Fall, wenn bei einer neuzeitlichen Arbeitsführung und Arbeitsorganisation die Eingliederung der Rechnungsorgane in andere Betriebsorgane oder die Umstellung ihrer Funktionen erforderlich ist. Daß sich jeder Buchhalter von seinem lieb gewordenen bisherigen Kontenbild nur ungern trennt, ist bekannt, ebenso wie der Kalkulant in seinem Denken von Kalkulationsformeln geleitet wird. Am verbesserungsbedürftigsten dürfte die Betriebsstatistik sein, weil man sich hier vielfach auf die Sammlung und Gruppierung eines reichhaltigen Tabellen- und Zahlenwerkes beschränkt. Das ist auch in statistischen Abteilungen größerer Unternehmungen zu beobachten, die oft zum Nachweis ihrer Existenzberechtigung den Werken eine Fülle von statistischer Arbeit aufzwingen, während sie selbst nicht in der Lage sind, aus diesem Berichtsmaterial diejenigen Erkenntnisse abzuleiten, die eine Grundlage für zweckmäßige Verbesserungen bilden. Wenn diese Stellen die Wechselbeziehungen der Betriebsvorgänge gar nur vom Hörensagen kennen, so sind Trugschlüsse und Fehlmaßnahmen an der Tagesordnung. Man macht dafür gewöhnlich die Statistik oder andere Glieder des Betriebes verantwortlich, statt das Übel an der Wurzel anzupacken und die statistischen Messungen und ihre Auswertung durch Persönlichkeiten ausführen zu lassen, die aus reicher betrieblicher Erfahrung, Schulung und Eignung die Zusammenhänge zu erkennen vermögen.

VIII. Erfolge der Rationalisierung in deutschen Industriebetrieben.

a) Vorbemerkungen.

Wenn an dieser Stelle der Versuch unternommen wird, die Auswirkungen der neueren industriellen Reorganisation und Rationalisierung zusammenhängend zu beleuchten, so kann es sich dabei nur um Stückwerk handeln, das auch unter Zugrundelegung reichhaltigen und zuverlässigen Materials nichts an seiner Unvollkommenheit verliert. Daß trotz der noch in Fluß befindlichen Bewegung eine Betrachtung der bisherigen Ergebnisse nicht gescheut wird, entspricht einmal der Überzeugung, daß die grundlegenden und großen Umwälzungen innerhalb der deutschen Wirtschaft vorüber sind, daß nunmehr die planmäßige Innen- und Außenarbeit, die exakte, intensive und nervenanspannende Kleinarbeit im und am Betriebe die Stunde beherrscht. Außerdem hat ein Rückblick auf das Erreichte immer belehrende und anfeuernde Wirkung; es ist notwendig, der Opferwilligkeit der Wirtschaftskräfte denjenigen Impuls zu verleihen, der eine unentbehrliche Vorausetzung grundlegender Erfolge bildet.

Bei einer *kritischen* Betrachtung der Umstellungsarbeiten der deutschen Betriebe zeigt sich, daß die Verbesserung der Betriebsmittel unter Berücksichtigung des zur Verfügung stehenden Kapitals erhebliche Fortschritte gemacht, daß die *betriebstechnische* Reform einen großen, wahrscheinlich den größten Teil des Weges zurückgelegt hat; das Gleiche läßt sich indes bezüglich der *wirtschaftlichen*, *organisatorischen* und *geistigen* Umstellung nicht sagen. Hier ist noch eine weite Strecke Weges zurückzulegen, bevor die den betriebs- und gesamtwirtschaftlichen Erfordernissen entsprechende Nutzung der Betriebsmittel, die zweckmäßigste Verbindung und Gliederung der Betriebsfunktionen, die vervollkommnete Führung und Nutzung der Menschenkräfte usw. durchgeführt ist. Besonders in der *Außenorganisation* bleibt noch viel zu tun übrig; die Eroberung der *Absatzmärkte im In- und Ausland* und die damit verbundene organische Eingliederung der Unternehmungen in das Gefüge der Weltwirtschaft erfordern noch langwierige und erhebliche Anstrengungen. Wenn schon der betriebliche Wertumlauf, wie die Untersuchungs-Ergebnisse darlegen, noch nicht befriedigend ist, so kann natürlich die Einstellung auf den Wertbildungsprozeß der Gesamtwirtschaft noch weniger vollkommen sein. Infolgedessen sind auch die einzelnen Wirtschaftlichkeitsfaktoren in ihrer Entwicklung gehemmt und hindern die Erzielung des höchsten Wirtschaftlichkeitsgrades der Betriebe.

Allzu sehr war man ursprünglich geneigt, die ersten und bescheidenen *Anfangserfolge,* bei denen es sich häufig nur um Behebung von Schönheitsfehlern handelte, als große Fortschritte, ja als das Endziel der Rationalisierung anzusehen. Wenn diese erste primitive Auffassung auch im Hinblick auf die bedrängte Lage unserer Wirtschaft in den Kriegs- und Nachkriegsjahren und infolge der Abschließung von der Weltwirtschaft psychologisch verständlich sein mag, so hat sie doch zu einer schiefen Beurteilung unserer Erfolge geführt. Im *Inlande* sind in weiten Bevölkerungsschichten Erwartungen und Hoffnungen genährt worden, die sich zu einer kurzfristigen Wechselschuld an die Industrie und unter dem Einfluß demagogischer Irreführung zu übertriebenen Forderungen an die deutsche Wirtschaft ausgewirkt haben. Im *Auslande* ist vielfach der Eindruck entstanden, daß die deutsche Wirtschaft, insbesondere die deutsche Industrie, die ungeheuerlichen Nöte, Zwangsbelastungen und Einschnürungen jeder Art spielend überwunden und dadurch eine beispiellose Leistungsfähigkeit bewiesen hätte.

Deshalb muß auf Grund objektiver Untersuchungen und des dabei gewonnenen Einblickes in die Struktur der deutschen Betriebe, in die gegebenen Hemmungen und Schwierigkeiten vor übertriebenen Hoffnungen nachdrücklich gewarnt werden! Ein gesunder, grundlegender Aufstieg, d. h. der aus eigener Kraft, wird erst dann zu erwarten sein, wenn alle Glieder der Wirtschaft und des Staates sich in voller Einmütigkeit und Geschlossenheit den Forderungen gesunder Betriebs- und Wirtschaftsführung völlig unterordnen!

Wenn die Rationalisierungsbewegung die organische Nutzung der Betriebsmittel und Arbeitskräfte, die harmonische Abstimmung und Verbindung der Betriebsfunktionen, die Einschaltung der Unternehmungen in den Kreislauf der Gesamtwirtschaft, kurz, die Durchgeistigung unseres gesamten Betriebs- und Wirtschaftstebens erbringen, wenn damit aus einem Schlagwort ein fest umrissenes, auf lange Sicht eingestelltes Arbeitsprogramm entstehen soll, so muß festgestellt werden, daß gegenwärtig erst eine bescheidene Anfangsstrecke auf einem langen und anstrengenden Wege zurückgelegt worden ist. Es liegt an uns, durch fachliche Zusammenarbeit unter Ausschaltung aller trennenden Momente einen dauernden, grundlegenden Aufstieg anzubahnen, der den technischen Vorsprung auf einzelnen Gebieten zu einem allgemeinen Vorsprung gegenüber anderen Völkern auszubauen vermag!

b) Auswirkungen industrieller Rationalisierungsarbeit.

Die Auswirkungen der Rationalisierungsarbeit lassen sich nach verschiedenen Richtungen hin verfolgen. In den nachstehenden Abschnitten werden sie nach ihrem Einfluß auf

das Anlage- und Betriebskapital,
die Betriebsorganisation,
das Arbeitseinkommen und
die Selbstkosten- und Preisbildung

beleuchtet werden. Es sei in diesem Zusammenhang auf die bereits anläßlich der *Kölner »Fließarbeits-Tagung«* bekanntgegebenen Ergebnisse [1]) hingewiesen, ferner auf den Halbjahresbericht der *»Reichs-Kredit-Gesellschaft«* [2]) und auf die Veröffentlichungen in den großen Fach- und Tageszeitungen.

1. Einfluß auf das Anlagekapital.

Erfolge der Umstellung.

In den umgestellten Betrieben ist infolge besserer Nutzung des Anlagekapitals eine wesentliche Einsparung an Kapital bzw. eine höhere Produktivität bei gleichem Anlagekapital erzielt worden. Die Ersparnisse bzw. Produktivitätssteigerungen betragen im Mittel 20 bis 25%. Ein abgeschlossenes Bild läßt sich noch nicht gewinnen, weil einmal die Umstellung noch nicht beendet ist und andererseits die Größe des Kapitals vor und nach der Umstellung nicht immer als Maßstab der tatsächlich erzielten Verbesserungen angesehen werden darf.

Auf Grund der Untersuchungen und der Berichte der Betriebe seien folgende Einzelergebnisse genannt: Die *Raumersparnisse* betrugen

---

[1]) »Betriebswirtschaftliche Vorbedingungen und Erfahrungen bei Einführung von Fließarbeit in deutschen Betrieben«, 2 Vorträge und Diskussionsreden auf der Kölner Tagung im September 1926, Sonderdruck der Z. f. B. 1927, Heft 4/5.

[2]) Halbjahresbericht der Reichs-Kredit-Gesellschaft, Berlin 1927.

zwischen 20—30% des früheren Raumbedarfes, in einzelnen Fällen noch wesentlich mehr; beispielsweise haben mehrere elektrotechnische Betriebe Raumersparnisse von 30—40% erzielt. Die größten Erfolge konnten hier in der Herstellung elektrischer Lampen, Bügeleisen, Staubsauger, Akkumulatoren u. dgl. m. erreicht werden. Hierbei handelt es sich um solche Betriebe, die infolge ihrer Fertigungsart und straffen Betriebsführung am schnellsten zu einer Neugliederung der Betriebsmittel und einer reibungslosen Ordnung des Betriebsablaufs gelangten. Wenn auch die freigewordenen Räume und Betriebsmittel nicht immer wieder verwendet werden konnten, so waren doch die Ersparnisse an Unterhaltungs- und Aufsichtskosten beachtenswert, besonders da, wo geschlossene Gebäudeteile entbehrlich wurden. In anderen Fällen hat die durch die Betriebsreform erzielte Ersparnis zur Aufgabe vorgesehener *Erweiterungen* und damit ebenfalls zu Kapitaleinsparungen geführt. Es ist ferner beachtlich, daß die Neuordnung des Produktionsprozesses durch eine planmäßige Arbeitsvorbereitung und Arbeitsführung eine Befreiung der Fabrikationsräume von Werkstoffen, Halb- und Teilfabrikaten erreicht und die Räume für den reinen Produktionsprozeß frei gemacht hat. Die verbesserte Raumwirtschaft in Verbindung mit der neuen Arbeitsordnung hat zu einer weiteren Produktionsbeschleunigung verholfen. Dieser Umstand hat nicht nur einen günstigen Einfluß auf die mengenmäßige, sondern auch auf die *qualitative Leistung* des Betriebes ausgeübt. Hierbei konnte festgestellt werden, daß zweckmäßigere Anordnung und Gestaltung der *Betriebsmittel*, Vermehrung der *Werkzeuge* und *vervollkommnete* Ausstattung des Arbeitsplatzes die stärksten Mittel des Fortschrittes darstellten. Auf diesem Wege, insbesondere durch verbesserte Nutzung der *Betriebsmittel*, sind *Leistungssteigerungen* von 20—30%, vereinzelt sogar darüber erreicht worden, wobei die Intensität der Arbeitskräfte meist nur in unerheblichem Maße gesteigert wurde und deshalb nur einen bescheidenen Anteil an der Produktivitätssteigerung hatte. Je nach der Struktur des Betriebes ließ sich bei dieser Umstellung eine Vergrößerung des Maschinen- und Werkzeugparks um etwa 5—10% nicht umgehen; das war vor allem dann der Fall, wenn die Kriegs- und Nachkriegs-Wirtschaft eine Überlastung der Betriebseinrichtungen verursacht hatte oder die Umstellung der Betriebsaufgabe eine andere Zusammensetzung der Betriebseinrichtungen verlangte.

In diesen Fällen ist meist eine *Durchgeistigung* des gesamten Betriebes vorangegangen und hat sich in einer vervollkommneten Arbeitsvorbereitung, Beschaffungs-, Lager- und Termindisposition, einer neuzeitlichen Entlöhnung auf Grund von Arbeits- und Leistungsstudien, einem verbesserten Rechnungs- und Kontrollwesen niedergeschlagen. In dem Maße als es gelang, die *Betriebsaufgabe* einheitlicher zu gestalten und unter Berücksichtigung der Absatzwirtschaft auf *typisierte* Reihen- und Massenfertigung überzugehen, konnte die gesamte Betriebs- und Wirtschaftsführung wesentlich vereinheitlicht werden. In diesen Fällen gelang es in verhältnismäßig kurzer Zeit, die Leistungen der Unterbetriebe aufeinander *abzustimmen* und vermittelst Leistungs- und Arbeitsstudien den Produktivitätsgrad der Betriebsglieder zu verbessern. Wo indes die Betriebsaufgabe mit Rücksicht auf die absatzwirtschaftlichen Erfordernisse nicht einheitlich gestaltet werden konnte, wo der Fertigungsbetrieb durch schwankende Belastungen beunruhigt wurde, war auch die *technische* Produktivität in ihrer Entwicklung begrenzt. Hier muß das Anlagekapital von vornherein unvorhergesehenen Belastungen gewachsen sein; hier entstehen durch die Absatzerfordernisse Leistungsspannungen, die der Fertigungsbetrieb zwar nicht zu verantworten, aber zu bewältigen hat. Hier sollte ein Ausgleich durch Verbesserung der *wirtschaftlichen* Produktivität erstrebt werden, soweit nicht von vornherein die günstige Marktanpassung den Wirtchaftlichkeitsgrad des Betriebes maßgeblich zu bestimmen vermag.

Standortfragen.

Bei dem zu erwartenden Erfolge der betrieblichen Verbesserungsmaßnahmen und ihrer Einwirkung auf das Anlage- und Betriebskapital müssen vor allem die durch den *Standort* gegebenen Grundbedingungen berücksichtigt werden. Häufig stehen einer durchgreifenden Verbesserung standörtliche Hemmnisse im Wege, die nicht oder nur unter besonderen Aufwendungen beseitigt oder gemildert werden können. Ein Beispiel hierfür bieten Betriebe im *Sauerland.* Für die seinerzeitige Anlage dieser Betriebe war die vorhandene *Wasserkraft* von entscheidender Bedeutung, die im Zeitalter der Fernversorgung mit elektrischer Energie und Gas wesentlich an Einfluß verloren hat. Demgegenüber bietet das bergige Gelände hinsichtlich der An- und Abfuhr der Rohstoffe und Erzeugnisse schwerwiegende Nachteile. Die *Transportkosten* betragen bis zu 25% vom Einkaufswert der Werkstoffe. Außerdem aber sind der rationellen Fertigung Grenzen durch den Etagenbau gezogen, der durch die engen Täler bedingt ist. Die Werkstücke wandern durch sämtliche Stockwerke hindurch, wobei sie den gleichen Weg mehrere Male zurücklegen müssen, ehe sie in den Pack- und Versandraum gelangen. Derartige Beispiele lassen sich ohne Mühe vermehren. Die

Folgen solcher standortlichen Erschwernisse schlagen sich auch in der Betriebs- und Wirtschaftsführung nieder. Das *Anlagekapital* kann *ganz oder teilweise* über Nacht *entwertet* sein, vor allem dann, wenn umwälzende technische Fortschritte und wirtschaftliche Umlagerungen diese Betriebe aus dem Kreislauf der Wirtschaft mehr und mehr herausdrängen. Die Buchwerte der Anlagen bieten dann keinerlei Anhalt mehr für die Bewertung, weil die Einrichtungen bei einem Auseinanderreißen der Betriebe nur noch Schrottwert besitzen. Der Unternehmungswert standortlich ungünstig gelagerter Betriebe entspricht deshalb nur einem Bruchteil desjenigen gleicher oder verwandter Betriebe mit günstigeren standortlichen Bedingungen. Deshalb scheidet für diese Unternehmungen die Inanspruchnahme des langfristigen Kapitalmarktes fast aus; andererseits besteht bei der derzeitigen Kreditpolitik nur geringe Aussicht auf Personalkredite. Hier kann nur der Weg genossenschaftlicher Selbsthilfe beschritten werden, sofern eine Rettung des örtlichen Industriezweiges nützlich und gesamtwirtschaftlich erforderlich ist. Die Erfahrung lehrt, daß dieser Weg indes selten beschritten wird; weit eher setzt die Selbstvernichtung durch einen ungesunden Wettkampf ein. Die Beobachtungen in einem bedeutenden Zweige der *Stahlwaren-Industrie* sollten hier abschreckend wirken. Die standortlich ungünstigen Verhältnisse in Verbindung mit einer Überzahl von Hausindustriellen haben zu einem unsinnigen Konkurrenzkampf mit scharfen Preisunterbietungen und ungesunden Geschäftsmethoden geführt. Als Folge davon ist eine bedenkliche Qualitätssenkung der Erzeugnisse feststellbar, die ihren Weltruf infolge ihrer unanfechtbaren Qualität errungen hatten. Alle Versuche, eine Einigung unter den in Frage kommenden Unternehmungen über Qualität, Preistaktik usw. zu erzielen, sind bisher gescheitert. Es bleibt hier nur der Weg kartellmäßiger Bindung offen, um den Selbstmord eines bedeutenden Industriezweiges noch in letzter Stunde zu verhüten. Der Kartellarbeit bietet sich in diesen und ähnlichen Fällen durchaus die Möglichkeit, betriebs- und gesamtwirtschaftliche Verschwendungen zu unterbinden, besonders dann, wenn vermittelst kalkulatorischer Untersuchungen eine Ausschaltung lebensunfähiger und eine Umstellung veralteter Betriebe erfolgt. Hierzu ist die Mitwirkung von berufenen *Sachverständigen* unentbehrlich, wenn grundlegende Arbeit in kürzester Zeit und mit geringstem Aufwand geleistet werden soll.

Daß auch standortliche Umschichtungen der *Absatzverhältnisse* die Auswirkungen der betrieblichen Rationalisierung maßgeblich zu beeinflussen vermögen, lehren zahlreiche Beobachtungen. In Mitteldeutschland gibt es beispielsweise eine Reihe von Betrieben, die seit Jahrzehnten ihre Werkstoffe aus entlegenen Gegenden Süddeutschlands bezogen und ihre mit geringen Verarbeitungskosten hergestellten Erzeugnisse an die nächste Umgebung ihres Standortes mit gutem Gewinn absetzen konnten. Infolge der Umschichtung der Absatzmärkte müssen diese Erzeugnisse neuerdings vorwiegend an Abnehmer in norddeutschen Küstenstädten geliefert werden. Die An- und Abfuhrkosten nehmen einen wesentlichen Teil der Selbstkosten in Anspruch. Eine fertigungstechnische und betriebsorganisatorische Umstellung vermag bei dem sehr geringen Verarbeitungsanteil keinen Ausgleich zu schaffen. Hier muß die Rationalisierung mit einer *Umstellung der Betriebsaufgabe* beginnen, die den bisherigen Veredlungs- zum Fertigungsbetrieb mit einem möglichst *hohen Verarbeitungsanteil* umwandelt, wobei zu entscheiden ist, ob der Fertigungsprozeß vorwiegend auf *menschlicher* oder auf *automatischer* Arbeitsleistung aufzubauen ist. Ist diese Umstellung unmöglich, so kann nur eine örtliche Verlegung oder eine Auflösung des Betriebes in Frage kommen; denn die Weiterführung unter derartigen ungünstigen Grundbedingungen bedeutet ein Vegetieren, das dauernde betriebs- und gesamtwirtschaftliche Verluste verursacht.

Daß die Eignung und Leistungsfähigkeit der *ansässigen menschlichen Arbeitskräfte* von wesentlichem Einfluß auf den Wirtschaftlichkeitsgrad der Betriebe ist, dürfte als bekannt gelten. Trotzdem wird diese Grunderkenntnis häufig bei den erwarteten Rationalisierungs-Erfolgen vernachlässigt. Das muß um so mehr wundernehmen, als sich jedem Beobachter die verschiedenartige Leistungsfähigkeit der Arbeitskräfte in den einzelnen Industriegebieten aufdrängt. Infolge langjähriger Schulung, Erziehung und verschärfter Auslese sind beispielsweise die großstädtischen Facharbeiter in Rheinland-Westfalen leistungsfähiger als in anderen Bezirken. Insbesondere haben die auf *ländliche* Arbeiterschaft angewiesenen Industriebetriebe in Mittel- und Süddeutschland, im Saargebiet, in der Pfalz usw. empfindlich unter dem Mangel an geschulten und anpassungsfähigen Arbeitern und Angestellten zu leiden. Es ist zwar versucht worden, durch Heranziehung auswärtiger Facharbeiter und unter Durchführung großzügiger Siedlungsbauten Abhilfe zu schaffen. Diese Bestrebungen können sich aber ebenso wie die Heranbildung eines geeigneten Nachwuchses erst allmählich auswirken, so daß der Umstellungsprozeß in derartigen Industriebezirken in einem bescheideneren Tempo und Ausmaß als in standortlich begünstigten Betrieben erfolgen muß.

2. Einfluß auf das Betriebskapitel.

Voraussetzungen.

In ähnlicher Weise, wenn auch graduell in sehr verschiedenem Ausmaß, konnte eine Verminderung des *Betriebskapitals* von etwa 15—20 % in den umgestellten Betrieben erzielt werden unter der Voraussetzung, daß vor der Umstellung kein Kapitalmangel bestand. Um die gleiche Betriebsleistung mit einem um etwa $^1/_5$ oder $^1/_4$ verminderten Betriebskapital oder eine um $^1/_5$ bis $^1/_4$ erhöhte Betriebsleistung bei unverändertem Betriebskapital zu erreichen, mußte die der Betriebsstruktur angepaßte Reorganisation des *Arbeitsdurchlaufes*, der *Betriebsorganisation* und der *Betriebsrechnung* in dem oben behandelten Sinne durchgeführt werden. Die Ersparnis an Betriebskapital hängt in erster Linie mit den auf eine *Produktionsbeschleunigung* hinwirkenden Maßnahmen und Einrichtungen zusammen. Um diese durchzuführen, müssen dem Betrieb die erforderlichen Werkstoffe und Teile, Werkzeuge und Vorrichtungen und alle für die Verbesserung des Nutzungs- und Intensitätsgrades notwendigen Mittel in lückenloser Folge zur Verfügung gestellt werden. Außerdem kann auch die idealste Produktionsbeschleunigung erst dann wirtschaftliche, d. h. wertbildende Bedeutung erlangen, wenn der Lagerungsprozeß der Werkstoffe, vor allem aber der Fabrikate abgekürzt wird, d. h. wenn sich unmittelbar an den Produktionsprozeß der Verteilungsprozeß, der lückenlose Absatz anschließt. Daraus folgt, daß eine wirtschaftliche Produktionsbeschleunigung auf einer individuellen Beschaffungs-, Termin- und Lagerwirtschaft aufbauen und mit einer beweglichen, anpassungsfähigen Absatz- und Vertriebs-Organisation und -disposition abschließen muß. Wenn diese Verkettung zwischen Beschaffungs-, Fertigungs- und Absatzdisposition nicht in der erforderlichen Weise gegeben ist, so fehlen alle Vorbedingungen einer wirtschaftlichen Betriebsführung und einer relativen Verminderung des Betriebskapitals.

Umschlagziffer.

Die Höhe des Betriebskapitals verändert sich nur im gleichen Maße mit der *Gesamt-Umlaufzeit*, nicht etwa mit der fabrikatorischen Durchlaufzeit. Die Gesamt-Umlaufzeit umschließt sämtliche Arbeitsfunktionen einschließlich Konstruktion, Arbeitsvorbereitung, Beschaffungs- und Lagerdisposition, Fertigungs-, Lager- und Umsatzdauer. Die fabrikationstechnische Durchlaufzeit dagegen umfaßt lediglich den *direkten* Fertigungsaufwand im Rahmen des Produktionsprozesses. Dieser ist innerhalb der Industriezweige und Betriebe sehr verschieden. Die konstruktions- und verwaltungsmäßigen Vorarbeiten in Verbindung mit der

Beschaffungs- und Lagerwirtschaft beanspruchen vor allem in den Betrieben der Spezial- und Sonderfertigung einen erheblichen Teil, etwa 1/4 bis 1/3 der Gesamt-Umlaufzeit. In einigen Betrieben der Reihen- und Massenfertigung spielen diese Funktionen nur eine untergeordnete Rolle und nehmen dort 1/8 bis 1/6 der Zeit in Anspruch. Infolgedessen müssen sich die durch produktionsbeschleunigende Maßnahmen erzielbaren Zeitersparungen auch in verschiedenem Ausmaß auf die Gesamt-Umlaufzeit, damit aber auch auf die Höhe des Betriebskapitals auswirken. Im Allgemeinen ist der Anteil der konstruktiven, der arbeits- und betriebsorganisatorischen Arbeiten am Herstellungsprozeß durch den Charakter der Erzeugnisse bestimmt und muß als *fester* Zeitbestandteil der Gesamt-Umlaufzeit betrachtet werden. Das ist besonders in Betrieben der Spezial- und Sonderfertigung, aber auch in vielen Betrieben laufender Massenfertigung der Fall. Wenn dieser Anteil im Vergleich zu dem der reinen fabrikationstechnischen Durchlaufzeit unbedeutend ist, so wirkt sich jede Zeitminderung an zeitlich überragenden Arbeitsprozessen fast in gleichem Ausmaß an der Gesamt-Umlaufzeit aus; das hat eine ebenfalls annähernd proportionale Verminderung des Betriebskapitals zur Folge.

Diese durch den Charakter der Fertigung gegebenen Grundbedingungen müssen vor allem berücksichtigt werden, wenn man sich über den Einfluß konstruktiver, fertigungstechnischer und organisatorischer Maßnahmen auf das Betriebskapital Rechenschaft ablegt. Natürlich ist für die Höhe des Betriebskapitals außer dem zeitlichen Aufwand dieser Betriebsfunktionen wieder deren *Kostenanteil* an der Betriebsleistung von Bedeutung. Aufschlußreich ist hier eine *Analyse der Gemeinkosten*, die die Verwaltungskosten nach Aufwendungen für die Konstruktion, die Planung, die Lagerwirtschaft und andere Unterarten der Verwaltungstätigkeit zerlegt. Denn die Höhe und Zusammensetzung der Verwaltungskosten wird vorwiegend bestimmt durch den Anteil der konstruktiven, rechnerischen, organisatorischen und dispositiven Arbeiten, die innerhalb des Betriebes zur Durchführung der vorgezeichneten Aufgaben erforderlich sind und beispielsweise in Maschinenfabriken etwa 30—40% der Gemeinkosten betragen.

Daß die Erhöhung der Umschlagziffer nicht für alle Betriebe in gleichem Maße in Frage kommen oder auch nur angestrebt werden kann, ist in anderem Zusammenhang, oben Seite 104, bereits betont worden. Ein *Vergleich* der *Umschlagziffern verschiedener Betriebe* kann deshalb nur bedingte Bedeutung haben. Beispielsweise wird die Umschlagziffer in Betrieben bestimmter Spezialerzeugnisse, z. B. großer Schaltanlagen,

Dynamo-Maschinen, Brücken usw. infolge ihrer naturbedingten hohen fabrikationstechnischen Durchlaufzeit und infolge der im Wesentlichen unbeeinflußbaren Umlaufzeit nur 2—2,5 sein können. Die Betriebe der Massenfertigung von elektrischem Installationsmaterial dagegen werden ein Optimum von etwa 7—8 erreichen, sofern sie über die gleiche dispositiv-organisatorische Kraft wie jene verfügen und wirtschaftlich arbeiten. Es liegt sicherlich im betriebs- und gesamtwirtschaftlichen Interesse, in den Betrieben der hochqualifizierten Spezial- und Sonderfertigung den Zeit- und Wertanteil der Konstruktions-, Fortschritts-, Versuchs- und Organisationsarbeiten systematisch zu steigern. Die Absatzverhältnisse verlangen hier eine Höherentwicklung; denn der Wirtschaftlichkeitsgrad dieser Betriebe wird in erster Linie von der Erfüllung dieser Bedingungen und nicht von der Steigerung der Umschlagziffer des Betriebskapitals abhängen. Diese Entwicklung wird überdies für viele Zweige der deutschen Fertigungsindustrie vorgezeichnet sein, weil deren relativ hoher Arbeitskostenanteil eine qualitativ und quantitativ höhere Ergibigkeit der menschlichen Arbeit bedingt. Im Rahmen dieser zwangläufig gegebenen Entwicklung liegt deshalb auch die Betonung der *Qualitätsarbeit* seitens der deutschen Industrie und die damit zusammenhängende Erkenntnis von der Notwendigkeit planmäßiger Betriebs- und Wirtschaftsführung [1]).

3. Einfluß auf die Betriebsorganisation.

Voraussetzungen.

Die Betriebsorganisation, die wir oben, Seite 56, als die natürliche Ordnung aller Betriebsvorgänge bezeichnet haben, soll das Ineinandergreifen der Funktionen und das Zusammenwirken der Betriebsorgane erstreben, um ein Optimum der Wirtschaftlichkeit zu erzielen. Undurchsichtigkeiten, Doppel- und Verlustarbeiten im Fertigungs- oder Verwaltungsprozeß haben keinen Platz in einer klaren Organisation. Das Zusammenwirken von Fertigung und Verwaltung erfolgt reibungslos bei organischer Folge der Arbeitsgänge. Fertigungsprogramm, Betriebsetat, Arbeitsplan und Arbeitsorganisation sind die Hauptmittel der Betriebsorganisation, deren Wirkungsgrad durch die Betriebsrechnung kontrolliert wird. Ihre Wirksamkeit schlägt sich

[1]) *Mäckbach-Hellwig*: »Produktionsbeschleunigung« im Handwörterbuch der Betriebswirtschaft, herausgegeben von Nicklisch, C. E. Poeschel Verlag, Stuttgart 1927. Ferner Vorträge auf der Jahresversammlung des Reichsverbandes deutscher Industrie 1927, gelegentlich der Werkstoffschau u. a. m.

sowohl in der *technischen* als auch in der *wirtschaftlichen* Produktivität des Betriebes anteilig nieder. Der Anteil der Betriebsorganisation an der Wirtschaftlichkeit des Betriebes ist im allgemeinen um so größer, je höher der Kostenanteil der Verarbeitung am Produktionsaufwand des Betriebes ist. Die Feinheit der Organisation, d. i. der Grad geistiger Durchdringung des Betriebes, muß naturgemäß in dem Maße wachsen, als die Betriebs-Atomisierung und Arbeitsteilung fortschreitet.

Erfolge.

In allen Fällen, in denen eine dem Charakter und der Struktur des Betriebes angepaßte Betriebsorganisation geschaffen wurde, konnten merkliche *Erleichterungen* in dem Ablauf des betrieblichen Verkehrs festgestellt werden. Insbesondere konnten viele Leerlaufsarbeiten, vor allem die häufige Wiederholung schematischer Schreibarbeiten im Fertigungs- und Verwaltungsbetriebe vermindert werden. Damit wurde meist schon viel gewonnen. Denn die tägliche Belastung der Betriebsorgane durch gleichartige, sich in kurzer Folge wiederholende Verwaltungsarbeiten schmälert die Arbeitsfreude und das Verantwortungsbewußtsein der Menschen, weil sie sich zu nebensächlichen Hilfskräften degradiert fühlen, denen alle Möglichkeiten genommen sind, in einer ihren Fähigkeiten entsprechenden Weise beschäftigt zu werden. Nie ist eine Umstellung im Betriebe reibungsloser und schneller durchgeführt worden und hat im weiteren Gefolge eine Anzahl unvorhergesehener Verbesserungsmöglichkeiten eröffnet als dort, wo Arbeitsfreudigkeit und Verantwortungsbewußtsein der Mitarbeiter durch organisatorische Vereinfachungen unter zielbewußter Führung wieder gehoben werden konnten.

Einzelergebnisse.

Über die Grundbedingungen einer gesunden Betriebsorganisation ist oben, Seite 60/71, gesprochen worden. Hier soll auf Einzelheiten hingewiesen werden, die sich beim Umstellungsprozeß industrieller Betriebe beobachten ließen. Es ist auffallend, daß sich die Erneuerung in der Fertigung gewöhnlich schneller durchsetzt als in der Verwaltung. Dort treten die Vorteile neuer Fertigungsmethoden, einer Gleichrichtung der Betriebsmittel und Betriebskräfte, einer organischen Verbindung der Arbeitselemente usw. augenfälliger in die Erscheinung als im Verwaltungsbetriebe, wo sich die Auswirkungen planmäßiger Betriebsführung nicht in gleicher Weise berechnen oder voraussehen lassen; die irrationalen Momente sind im Verwaltungsprozeß zahlreicher als im Fertigungsprozeß. Damit hängen auch die Widerstände vieler Verwaltungsorgane gegenüber großzügigen Reformen zusammen, die zuweilen von persönlichen Beweggründen mehr oder minder stark beeinflußt werden. Man spricht häufig von einer »Meisterwirtschaft« im Fertigungsbetriebe und übersieht dabei, daß sich im Verwaltungsbetriebe viel häufiger ein Festkleben an liebgewordenen Einrichtungen und Verwaltungsmethoden bemerkbar macht. Diese Schwerfälligkeit der Verwaltungsstellen pflegt mit der Ausdehnung der Betriebe zu wachsen, obgleich es sich hier durchaus nicht etwa um naturbedingte Gesetzmäßigkeiten handelt. Es ist indes eine typische Erscheinung in jeder größeren Verwaltungsapparatur, daß Doppelarbeiten und Undurchsichtigkeiten viel lieber in Kauf genommen werden als grundsätzliche und unbequeme Erneuerungen. Daraus entsteht das berüchtigte Neben- und Gegeneinanderarbeiten der Verwaltungsorgane, das eine typische Krankheitserscheinung mancher Großbetriebe bildet und zu einer schnellen Ausbreitung auf den Gesamtbetrieb neigt.

Bei den beobachteten und durchgeführten *grundlegenden* Erneuerungen der Betriebsorganisation wurde mit der Aufstellung des *Fertigungsprogrammes* begonnen, das den produktions- und absatzwirtschaftlichen Bedingungen des Betriebes entsprechen und eine weitgehende Gliederung nach Produktionsfaktoren und -Elementen und Betriebsstellen aufweisen mußte. Bei einem mengen- und wertmäßigen Nachweis der Produktionsfaktoren und -elemente ergaben sich zwangläufig die Grunderfordernisse und Richtlinien für viele Betriebsfunktionen. Insbesondere wurde die Beschaffungs- und Lagerdisposition veranlaßt, die Heranschaffung der Werkstoffe und Teile und die Lagerhaltung in einem den programmäßigen Festlegungen entsprechenden Ausmaß zu regeln; so konnte sie nicht mehr ihre eigenen Wege gehen und etwa in einseitiger Verfolgung von Konjunkturgewinnen die Anforderungen des Fertigungsbetriebes übersehen. Die Arbeitsvorbereitung mußte sich ebenfalls dem Fertigungsprogramm anpassen und durfte nicht mehr wie früher interessante, aber unproduktive Experimente an Menschen und Maschinen vornehmen. In ähnlicher Weise wurde die Absatzdisposition veranlaßt, sich über die Bedürfnisse des Fertigungsbetriebes eingehender zu informieren und ihren Blick nicht nur auf die Nutzung des Absatzmarktes und die Erprobung neuer Vertriebsmethoden zu richten. Aber auch der Fertigungsbetrieb selbst mußte manche Sonderwünsche auf das den Interessen der Unternehmung dienende Maß beschränken. Das Fertigungsprogramm zwang ihn, seine Abschließung von der Außenwelt und die Vernachlässigung wirtschaftlicher Grundsätze aufzugeben. Hierbei war es notwendig, mit der bis dahin üblichen Geheimniskrämerei aufzuräumen und den Betriebsleitern und Werkstattmeistern einen Einblick in die Ergebnisse der Betriebsrechnung zu geben. Gerade die Offenlegung der einzelnen Wirtschaftsergebnisse bot den Unterbetrieben reiche Gelegenheit, Aufklärungen über die Notwendigkeit dieser oder jener Dispositionsänderungen zu geben, sich von unsachlichen Vorwürfen zu entlasten und unter dem Einfluß klarer rechnungsmäßiger Ergebnisse so manche ehrwürdige Gepflogenheit aufzugeben. Ähnliches kann bezüglich der Konstruktion gesagt werden. Hatte sich diese bisher häufig in der Rolle des Kräutleins »Rühr mich nicht an« gefallen und jede wirtschaftliche Denkweise schroff abgelehnt, so konnte sie sich den auf klaren rechnungsmäßigen Ergebnissen aufgebauten Schlußfolgerungen nicht entziehen. Sehr bald sah man ein, daß das Konstruieren an sich noch keine schöpferische Tat, sondern eine unproduktive Tätigkeit darstellt, wenn es außerhalb der wirtschaftlichen Gesetze liegt.

Bürotechnik.

In stärkerem Maße zeigten sich Schwierigkeiten bei der Einführung von Bürohilfsmitteln, insbesondere der Rechen- und Sortiermaschinen. Die Hemmungen gingen sowohl von der Betriebsleitung als auch von der Angestelltenschaft aus. Die Betriebsleitungen vermögen nicht immer die Vorbedingungen wirtschaftlicher Nutzung dieser Hilfsmittel im Verwaltungsbetriebe zu erkennen und sie organisch in den Verwaltungsapparat einzugliedern. Die größten Schwierigkeiten wurden dort beobachtet, wo Zentralstellen in dem Drang nach Vereinheitlichung die gegebenen Bedürfnisse der einzelnen Werke, die durch anders gelagerte Betriebsaufgaben und die davon abhängige Ordnung der Betriebsfunktionen bedingt waren, glaubten vernachlässigen zu können. Auf der anderen Seite bestand vielfach eine offene oder versteckte Ablehnung der Angestelltenschaft gegenüber maschinellen Neuerungen im Verwaltungsbetriebe. Die Angestelltenschaft befürchtet, daß infolge Mechanisierung des Bürobetriebes ihre eigene Stellung herabgesetzt wird. Außerdem spielt der überall vorhandene, wenn auch verschiedenartig ausgebildete Hang am Alten eine bedeutende Rolle. Es ist natürlich unvermeidbar, daß eine überstürzte verwaltungstechnische Rationalisierung eine erhebliche Zahl unterer und mittlerer Angestellten entbehrlich macht, wie das beispielsweise in den großen Bank- und Industriebetrieben auch tatsächlich der Fall war. Hier handelt es sich aber nur um die gleichen Erscheinungen wie bei jeder intensiven Mechanisierung, die sich nicht in gleichem Tempo in der Steigerung der gesamtwirtschaftlichen Kaufkraft auszuwirken vermag. Bei einer allmählichen, der gesamtwirtschaftlichen Entwicklung Rechnung tragenden Umstellung im Fertigungs- und Verwaltungsprozeß werden die Gefahren der Massenentlassungen wesentlich vermindert oder nahezu ausgeschaltet. Im Übrigen wird auch die Angestelltenschaft selbst die Vorteile durch die Befreiung von mechanischen Arbeiten spüren. Abgesehen davon, daß auch ein automatisierter Verwaltungsbetrieb niemals des *Menschen* zur Führung und Regulierung der Vorgänge und zur Auswertung der Ergebnisse entraten kann, wird auch der Verwaltungsarbeiter in ähnlicher Weise wie der industrielle Facharbeiter seine *Ausbildung auf eine breitere Grundlage stellen müssen.* Diese Ausbildung muß es ermöglichen, an die Betriebskräfte vielseitigere, höhere Anforderungen zu stellen und ihnen günstigere Aufstiegmöglichkeiten zu bieten. Teilweise ist diese Erkenntnis in den Kreisen der Angestelltenschaft vorhanden. Es wird erkannt, daß es kurzsichtig ist, die Fortschritte auf organisatorischem, technischem und wirtschaftlichem Gebiet durch passiven Widerstand aufhalten zu wollen, weil darunter letzten Endes die Gesamtheit und jedes mit ihr verbundene Glied leidet. In dieser Richtung muß indes noch viel sachliche Aufklärungsarbeit geleistet werden, zu der sich vor allem die wirtschaftlichen und akademischen Verbände in Zusammenarbeit mit der Berufsberatung und Berufsausbildung bereit finden sollten.

Aus der Fülle der Beobachtungen einige Beispiele über die Wirkungen verwaltungstechnischer Umstellung:

Die städtischen Werke in *Frankfurt/Main* sind dazu übergegangen, die einzelnen Betriebe nach gleichen Grundsätzen zu gliedern und dabei das Melvil Deveysche Zahlensystem zu berücksichtigen. Trotz der mit einer kaufmännischen Umstellung der Betriebe, insbesondere Einrichtung der Betriebsbuchhaltung, Statistik, Kalkulation usw. verbundenen Mehrarbeit ist eine *Verminderung der Arbeitskräfte* eingetreten. Es ist nach Ersatz der alten Kameralistik durch eine neuzeitliche kaufmännische Buchhaltung unter Benutzung von Maschinen gelungen, bei einer Steigerung der Kontenzahl von 440 auf 950 die Zahl der Beschäftigten zu vermindern und dadurch eine Leistungssteigerung von etwa 200% je Kopf zu erreichen.

Die *Reichsbahn* erhofft weitere wesentliche Ersparnisse nach vollkommener Einführung des Lochkartenverfahrens. Ähnliche Bestrebungen sind bei der *Polizei* im Gange. Nach Angaben des *Reichspostministeriums* erstrecken sich die Rationalisierungs-Maßnahmen dort auf Zusammenfassung der örtlichen Betriebe, Verwendung zeit- und arbeitssparender Betriebsmittel, Mechanisierung der Verkehrseinrichtungen, Normung der Betriebsmittel, vor allem der Fernsprecher und Kraftfahrzeuge, Vereinfachung der Betriebs- und Geschäftsformen nach *kaufmännischem* Muster, Neugestaltung des Beschaffungswesens unter weitestgehender Zentralisation der Preisgestaltung bei Dezentralisation der Bestellungen. Bei einer Steigerung des Verkehrs seit 1913 im Brief- und Paketdienst um etwa 31%, im Postscheckverkehr um etwa 330%, im Fernsprechbetrieb um 90% sind in den beiden Jahren 1926 und 1927 1600 Kräfte d. i. etwa 0,4% der gesamten Kopfzahl erspart worden. Die Durchschnittsleistung je Kopf konnte durch organisatorische Neuerungen — *vor allem durch Verstärkung der maschinellen Tätigkeit* — im Brief- und Paketverkehr um 20%, im Scheckverkehr um 46%, im Fernsprechverkehr um 22% gesteigert werden.

Es läßt sich heute schon voraussagen, daß eine grundlegende Reform in den *öffentlichen Betrieben* weit größere Ersparnisse als in den privaten Betrieben erzielen und diese durch Verminderung der Steuern erheblich entlasten kann.

4. Einfluß auf das Arbeitseinkommen.

Grundsätzliches.

Hier müssen einige grundsätzliche Darlegungen vorausgeschickt werden. Alle Veränderungen im *Realeinkommen müssen im Kausalzusammenhang mit der Arbeitsleistung* stehen, andernfalls löst sich die naturgegebene Verbindung zwischen Leistung und Gegenleistung und führt zu einer den Grundsätzen von Vernunft und Billigkeit widersprechenden Entwicklung, die wirtschaftliche, soziale und kulturelle Störungen in sich schließt. *Erzwungene*, nicht durch sachliche Leistungen errungene *Vorteile einzelner Berufsschichten erfolgen auf Kosten anderer Bevölkerungsschichten. Leistungslose Einkommenserhöhungen* wirken sich bei der organischen Verbindung zwischen Einzel- und Gesamtwirtschaft in *ungünstiger Weise im Kostenpreis* aus; sie gefährden infolgedessen den *kontinuierlichen Verlauf des Absatzes* und *der Erzeugung*. Infolgedessen finden sie ihren Niederschlag wieder an dem Ausgangsort, dem Betriebe. Die Gesetzmäßigkeiten des Wertbildungsprozesses können nicht durch Eingriffe aufgehoben oder abgelenkt werden. Alle einseitigen Regelungen im Wirtschaftsprozeß zeitigen unfruchtbare und nur zeitweilige Wirkungen, die sich bei genauerem Zusehen nur als bedenkliche Vorteile für die Nächstbeteiligten darbieten. Es handelt sich dabei nur um eine *Verschiebung* der Lasten oder der Erträge, selten oder nie um eine Neuschöpfung von Werten. Bedauerlicherweise ist diese elementare Erkenntnis gegenwärtig noch nicht bis zu allen staatlichen Organen vorgedrungen, die einen Einfluß auf die Wirtschaft besitzen.

Diese hier zum Ausdruck gekommene Auffassung beruht auf der Überzeugung, daß die Wirtschaft sich nur unter *freier Betätigung* aller und unter *verantwortungsbewußter Führung berufener Persönlichkeiten* am gedeihlichsten entwickelt. Diese Freiheit hat mit Willkür, mit der einseitigen Begünstigung des einen oder anderen Interessentenkreises nichts zu tun. *Freiheit im wirtschaftlichen Sinne bedeutet vielmehr die Möglichkeit organischer Entwicklung aller Kräfte in einer den betriebs- und gesamtwirtschaftlichen Erfordernissen entsprechenden Richtung.*

Einzelergebnisse.

Die bisher festgestellten Auswirkungen der Umstellung industrieller Betriebe auf das Arbeitseinkommen können im Allgemeinen als *günstig* bezeichnet werden. Die mit der Produktionsbeschleunigung ursächlich zusammenhängenden Lohnerhöhungen schwanken zwischen 15 und 25% des früheren Arbeitseinkommens. Beispielsweise sind in einem führenden westdeutschen Unternehmen der *Motoren-Industrie* im Laufe des letzten Jahres die Löhne um *25%* heraufgesetzt worden. Ein größerer Betrieb der *Berufskleidung* in West-Deutschland hat die Löhne der Näherinnen im Verlaufe der Umstellung um *39%* erhöht. Ein führendes Unternehmen der *elektrotechnischen* Industrie hat die Arbeitslöhne innerhalb eines Jahres um 25% heraufsetzen können. In der *Eisenindustrie* ist eine Erhöhung der Tariflöhne für Facharbeiter seit 1924 um 65% des damaligen Einkommens zu verzeichnen. In einem der größten *Hüttenwerke* des Ruhrreviers betrug das monatliche Arbeitseinkommen durchschnittlich RM. 250.—. Diese Beispiele aus der Praxis lassen sich stark vermehren. Es muß dabei indes beachtet werden, daß es sich hier fast ausnahmslos um Industriezweige handelt, die eine verhältnismäßig gute Konjunktur, einen befriedigenden Absatz sowohl auf dem Inlands- als auch auf dem Auslandsmarkt hatten. Der höhere Ausbringungsgrad im Produktionsprozeß hat die Selbstkosten vermindert, so daß aus den Erträgen höhere Arbeitseinkommen ohne Erhöhung der Verkaufspreise gezahlt werden konnten.

Der Geschäftsbericht der Vereinigten Stahlwerke enthält die charakteristische Feststellung: »Die sich bessernde Konjunktur und die Erfolge unserer Rat.-Maßnahmen sind unseren Werksangehörigen in weitem Umfange zugute gekommen. Während sich die *Zahl der Arbeiter um etwa 15,5%* erhöhte, *nahm die monatliche Gesamtlohnsumme um 44%* und das *durchschnittliche Monatseinkommen des einzelnen Arbeiters um etwa 20% zu*«. Hieraus folgt, daß die technischen Verbesserungen und Neuerungen keineswegs zur Verringerung des Lohnanteils geführt haben.

Es muß in diesem Zusammenhang darauf hingewiesen werden, daß der durch produktionsbeschleunigende Maßnahmen erreichte höhere Ausbringungsgrad durchaus nicht eine entsprechende Beanspruchung der Arbeitskräfte zur Voraussetzung oder zur Folge gehabt hat. Gerade die genannten und viele andere Betriebe haben ihre Arbeits- und Betriebsorganisation verbessert, ihre Arbeitsmittel in Verbindung mit der Arbeitstechnik vervollkommnet, Verlust- und Leerlaufzeiten erspart, Nebenzeiten abgekürzt, dabei aber vielfach das Anlagekapital durch Erneuerung von Arbeits- und Betriebsmaschinen, Vermehrung der Vorrichtungen und Hilfsapparate, räumliche Umgestaltung, hygienische Verbesserungen usw. erhöht. In vielen Fällen haben nachweisbar allein arbeitstechnische und arbeitsorganisatorische Erneuerungen die Grundlage eines verbesserten Ausbringungsgrades geschaffen, der durch eine Reihe betriebswirtschaftlicher Maßnahmen zur wirtschaftlichen Auswirkung gelangen konnte. Auf dem oben vorgezeichneten Wege der *Wirtschaftlichkeits-Messungen* läßt sich überdies annähernd der Anteil der Arbeit — dispositive und ausführende — an den erzielten Fabrikationserfolgen nachweisen, wenn auch mathematisch genaue Berechnungen nicht möglich und auch nicht notwendig sind.

Als eine beachtliche Folge der Rationalisierung der Betriebe der Wäsche- und Bekleidungs-Industrie ist die Verminderung der *Heimarbeit* festzustellen. Die grundlegende Umstellung der Fertigung erzwang in diesen Betrieben eine örtliche Konzentration der Arbeitsmittel und Arbeitskräfte. Die Produktionskosten sind durch diese Betriebsumstellungen stellenweise bis zu 20 und 30% gesenkt und die Löhne der Näherinnen um 20, 25% und vereinzelt um 30—40% gegenüber den Heimarbeitslöhnen erhöht worden. Man wird diese Entwicklung im Hinblick auf die bekannten schädlichen Begleiterscheinungen der Heimarbeit nur begrüßen können.

Gesamtergebnisse.

Wenn in den bisherigen Ausführungen nur die Wirkungen der betrieblichen Umstellungen auf das Arbeitseinkommen *einzelner Berufsschich-*

ten zum Ausdruck kamen, so darf an ihren gesamtwirtschaftlichen Folgen nicht vorbeigegangen werden. Hier bietet die Bewegung des Arbeitsmarktes und die Zahl der Arbeitslosen ein anschauliches Bild. Die Zahl der Hauptunterstützungsempfänger sank in der Zeit vom April 1926 bis Mai 1927 in den Industriegebieten von 40,1 auf 17,6 je 1000 der Bevölkerung. Im Januar 1926 betrug die Gesamtzahl der Arbeitslosen etwa 2 Millionen, im Hochsommer 1926 etwa 1,7 Millionen, im Herbst 1927 etwa 0,45 Millionen[1]). Die Belebung des Inlandsmarktes durch Wiedereinschaltung von etwa 1,5 Millionen erwerbstätiger und kaufkräftiger Menschen (d. i. $^1/_{10}$ der erwerbstätigen Bevölkerung) in den Kreislauf der Gesamtwirtschaft darf zu einem großen Teil als ein Erfolg industrieller Rationalisierung gebucht werden. Dieser Erfolg muß um so höher gewertet werden, als bekanntlich die steuerlichen und sozialen Lasten das 8—10 fache der Vorkriegszeit betragen und die Produktion verteuert haben. Es wäre natürlich abwegig, die Kaufkraft des Inlandsmarktes durch leistungslose Erhöhung der Arbeitseinkommen ohne Steigerung der Produktivität verbessern zu wollen. Damit würde — wie bereits oben gesagt — keine Belebung des Inlandmarktes zu erzielen sein. Außerdem aber haben alle erzwungenen Vorschuß-Lorbeeren keinen erzieherischen und befruchtenden Wert, am allerwenigsten dann, wenn sie in schematischer Weise allen Arbeitskräften in gleichem Ausmaß zufließen. Insbesondere müssen in einer verarmten Wirtschaft wie der deutschen *zuerst produktionswirtschaftliche Erfolge* in Form mengen- und qualitätsmäßiger Mehrleistungen vorliegen, bevor ein größerer Anteil des Ertrages als Arbeitseinkommen ausgeschüttet werden darf. Im anderen Falle würde nur das Kostenniveau gehoben und damit der Erfolg jeder dispositiven und organisatorischen Kräfteentfaltung durch Absatzkrisen und ihre Folgen gefährdet werden.

5. Einfluß auf das Kosten- und Preisniveau.

Grundsätzliches.

Auch hier lassen sich nur Teilergebnisse beleuchten, da der Umstellungsprozeß noch im Gange ist. Es muß berücksichtigt werden, daß eine alle Faktoren der Wirtschaftlichkeit erfassende Betriebsführung

---

[1]) Bei Drucklegung dieses Buches ist sie auf etwa 1 200 000 gestiegen, was teilweise auf ein Nachlassen der Inlandskonjunktur, hauptsächlich aber auf *saisonbedingte* Erscheinungen (Landwirtschaft und Baugewerbe) zurückzuführen sein dürfte. Im Dezember 1927 sind allein 540 000 Personen (82% der Gesamtsumme) aus den Saisonberufen dem Arbeitsmarkt zugeströmt.

nur langsam zur Auswirkung gelangen kann, weil sie an die *geistige Umstellung aller Beteiligten* und somit an einen langwierigen Prozeß gebunden ist. Erst *nach* dieser geistigen Umstellung kann auch die *organische Umgestaltung* der Betriebe durchgeführt werden und sich voll auswirken.

Einzelergebnisse.

Als Einzelergebnisse sind folgende bemerkenswert: In einem führenden Unternehmen des *Elektromotorenbaus* sind durch arbeitstechnische und -organisatorische Verbesserungen und durch eine gewisse Steigerung der Arbeitsintensität die Arbeitszeiten um 30—40% und die Betriebsunkosten um etwa 15—20% gesenkt worden. Die Leistungssteigerung ermöglichte eine Senkung der Verkaufspreise um 20%, obgleich Neuinvestierungen, verbesserte Arbeitsmethoden in Verbindung mit einer neuzeitlichen Arbeitsvorbereitung und -überwachung nicht unerhebliche Aufwendungen verursachten. Ein anderes Unternehmen des *elektrotechnischen Apparatebaus* konnte nach Durchführung der Fließarbeit seine *Selbstkosten um 20% ermäßigen und hat die Verkaufspreise im gleichen Maße herabgesetzt.* In diesem Unternehmen wird mit einer weiteren Senkung der Selbstkosten und der Verkaufspreise um 10% gerechnet, sofern ein gleichmäßiger und hoher Beschäftigungsgrad eine optimale Nutzung der Betriebsmittel und Betriebskräfte gewährleistet. In einigen Zweigen der *Metallindustrie* werden die Ersparnismöglichkeiten nach vollständiger Durchführung der Umstellung auf 30—40% geschätzt. Ein Betrieb der *Bekleidungs-Industrie* hat durch produktionsbeschleunigende Maßnahmen die Gesamtzahl der Operationszeiten *von 2500 auf 1300 Minuten,* d. h. um etwa 50% herabgesetzt. Hier betrug der Nutzungsgrad der Nähmaschinen bei Heimarbeit 14%, bei Einzelarbeit 17% und bei fabrikmäßiger Fließarbeit 41%, stieg also bei der neuzeitlichsten Arbeitsmethode auf etwa das Dreifache gegenüber der Heimarbeit. Gleichzeitig erhöhte sich die Mengenleistung der Näherinnen auf das 2½fache, nachdem die Arbeitsbedingungen durch hygienische Verbesserungen, durch zweckmäßigere Anordnung der Arbeitsmittel und Vervollkommnung der Arbeitsorganisation verbessert worden waren. Dabei sind die Ermüdungs- und Unlusterscheinungen wesentlich gemindert worden. In einem süddeutschen Betriebe der *Nähmaschinen-Industrie* wurden folgende Ersparnisse erzielt: beim Lackieren 65%, beim Zusammenbau 55%, in der Gesamtfertigung 60%; die Leistung wurde um 45 bzw. 35 bzw. 50% gesteigert.

Auch in der *Möbel-Industrie* werden beachtliche Erfolge festgestellt, die sich allerdings noch nicht zahlenmäßig belegen lassen, weil der Übergang von der bisherigen Universal- zur Spezialfertigung noch nicht abgeschlossen ist. Die Spezialisierung auf ein bestimmtes Untergebiet, wie Kücheneinrichtungen, Speise- oder Schlafzimmer oder nur auf einzelne Gegenstände, wie Metallbetten, Schreibtische, Küchenschränke usw., bildet hier eine Vorbedingung erfolgreicher Rationalisierung. Gegenwärtig treten bei der Herstellung von Metallbetten noch alle nur denkbaren Abarten in den Abmessungen von 1,8 m bis 2,10 m Länge und von 0,8 m bis 1,5 m Breite auf. Diese Mannigfaltigkeit erschwert den glatten Ablauf des Fertigungsprozesses. Trotzdem hat die Produktionsbeschleunigung auch in derartigen Betrieben schon beachtliche Erfolge erzielt, sofern eine zweckmäßigere Arbeitsteilung und eine planvolle Zusammenfassung der Arbeitsgänge durchgeführt wurde. Die volle Auswirkung produktionsbeschleunigender Maßnahmen kann sich aber erst nach Vereinfachung der Typen und der Spezialisierung der Betriebe zeigen. Hier müssen noch zeitraubende Vorarbeiten auf dem Wege einer Beeinflussung der Käuferschichten geleistet werden. Die Ausstrahlungen dieser Typungsarbeiten werden sich auch in allen mit dem betreffenden Industriezweige zusammenhängenden Produktionszweigen bemerkbar machen, beispielsweise zwischen Möbelindustrie und Wäscheindustrie usw. Es braucht hier nicht wiederholt zu werden, daß Typungs- und Normungsbestrebungen nicht allein durch betriebstechnische Erfordernisse und Wünsche geleitet, sondern durch absatzwirtschaftliche Bedingungen gelenkt werden. Deshalb müssen viele Betriebe vorübergehend oder dauernd verschiedenartige Erzeugnisse mit verschiedenem Marktcharakter herstellen, um dadurch einen Ausgleich der Belastungsspannungen ihrer Fertigungsstätten zu erzielen und das Kapitalrisiko zu vermindern. Anders liegen die wirtschaftlichen Vorbedingungen da, wo führende Konzern-Unternehmungen die Formen ihrer Erzeugnisse selbständig bestimmen können, wie z. B. im elektrischen Schalterbau, wo die Anzahl der Sorten von 40 auf 10, d. i. auf 1/4 vermindert und die Wirtschaftlichkeit des Produktionsprozesses durch gleichmäßigen Ablauf der Fertigung wesentlich erhöht werden konnte. Allerdings mußte dieser erheblichen Verminderung der Sorten eine starke *Vervollkommnung der Restsorten* vorausgehen, damit diese allen Anforderungen gerecht zu werden vermochten.

Aus dem *Wohnungsbau* liegen Veröffentlichungen vor, wonach infolge der Umstellung bzw. Rationalisierung die Preise für Kücheneinrichtungen auf RM 380.— und für Türen von RM 68.— auf RM 18.— gesenkt werden konnten [1]). Hier vermag eine durchgreifende Rationalisierung noch Wesentliches zu leisten, vor allem durch verbilligte Herstellung von Wohnungen und Hausgerät für das große Heer der Arbeiter, Angestellten, Beamten. In den Betrieben der *Reichsbahn* sind ebenfalls bemerkenswerte Erfolge erzielt worden. Beispielsweise ist durch den Einbau der Knorrbremse in Güterwagen auf dem Wege der Fließarbeit die Arbeitszeit auf etwa 1/3 der früheren Gesamtzeit ermäßigt worden. Auch in den Reparaturarbeiten wurden erhebliche Ersparnisse erzielt. Beispielsweise ist in neuzeitlichsten Reichsbahn-Lokomotiv-Werkstätten vermittels zeitsparender Arbeitsmethoden und planmäßiger Betriebsführung die durchschnittliche Reparaturzeit von 100 bis 125 Tagen auf *15 Tage* für die einzelne Lokomotive gesunken.

Am stärksten dürften die Fortschritte im reinen *Maschinenbau* zutage getreten sein, wo seit jeher der wirtschaftlichen Fertigung große Aufmerksamkeit geschenkt worden ist. Beispielsweise hat ein führendes Unternehmen des *Motorenbaues* im Rheinland bei seinem 3 PS-Petroleum-Motor eine Zeitersparnis in der reinen Fertigung von 70% erzielt, die hauptsächlich der planmäßigen Arbeitsvorbereitung, einer disziplinierten Arbeitsordnung und der Steigerung der Arbeitsintensität zu verdanken ist. Demzufolge sind hier auch Lohnerhöhungen von etwa *25%* erfolgt, da von den Arbeitenden höhere Geschicklichkeit, verstärkte Aufmerksamkeit und höhere Leistungen verlangt wurden. Bei dem Zusammenbau großer Motore betrug die Zeitersparnis sogar bis zu 74%. In diesem Betriebe wurde überdies festgestellt, daß die Arbeitenden nach anfänglichem Sträuben gegen die Umstellung des Herstellungsprozesses sich mit der neuen Arbeitsweise sehr befreundet haben und insbesondere den Wegfall der früheren Verluste [Warte- und Transportzeiten] anerkennen.

Qualitätsfrage.

Es muß in diesem Zusammenhang festgestellt werden, daß in allen hier genannten und in vielen anderen beobachteten Beispielen die Betriebsumstellung nicht etwa eine Verschlechterung der Erzeugnisse, sondern eher eine *qualitative Verbesserung* im Gefolge gehabt hat. So können z. B. in der *Wäsche-*, aber auch in der *Metall- und Maschinenindustrie* nur völlig einwandfreie Werkstoffe verarbeitet werden, damit der Produktionsablauf und der Arbeitsrhythmus nicht durch unvorhergesehene, in der mangelhaften Qualität der Werkstoffe liegende

[1]) Vgl. Aufsätze und Vorträge von Stadtbaurat May, Frankfurt a. M.

Mängel gestört wird. Deshalb ist auch der *Werkstoffprüfung* in diesen Betrieben eine stärkere Bedeutung als früher beigemessen worden, und zwar auch in denjenigen Unternehmungen, die sich früher für die Prüfung ihrer Werkstoffe überhaupt nicht interessiert haben. In der genannten *Wäscheindustrie* konnte beispielsweise die Produktionsbeschleunigung erst nach Einführung besonders haltbarer Garne und Zutaten mit Erfolg durchgeführt werden. Ähnliche Feststellungen sind in einer Reihe anderer Betriebe gemacht worden und berechtigen zu der Annahme, daß hier eine gesamtwirtschaftlich erfreuliche Entwicklung einsetzen wird.

Gesamtwirtschaftliche Wirkungen.

Die bisherigen Gesamtwirkungen der industriellen Rationalisierung lassen sich in gewissem Ausmaß an dem *Preisindex* der Güter verfolgen. Der *Durchschnittsindex aller Verbrauchsgüter* hält sich mit 137,3 etwa auf der Höhe von 1924, obwohl inzwischen eine durchschnittliche Steigerung der *Arbeitseinkommen um 70%* und der *steuerlichen und sozialen Lasten um etwa 300%* gegenüber der Vorkriegszeit stattgefunden hat. Für die *industriellen Rohstoffe und Halbfabrikate* ist sogar eine beachtliche *Senkung* der Indexziffer von 142 im Jahre 1924 auf 131 im Jahre 1927 festzustellen. Die *Konsumgüter* verzeichnen eine *Senkung* der Indexziffer von 177 auf 155. Diese in Anbetracht vieler kostenverteuernder Einflüsse recht günstige Entwicklung hat den Absatz gesteigert und den Verbrauch vermehrt. Beispielsweise hat sich der *Eisen*verbrauch im Inlande von etwa 900 000 Tonnen Monatsdurchschnitt im Jahre 1924 auf etwa 1,5 Millionen im Monatsdurchschnitt des Jahres 1927, d. h. um etwa 66²/₃% erhöht. Der Inlandsabsatz an *Kohlen* konnte von 176,3 kg je Kopf im Jahre 1924 auf 196,5 kg, d. i. um 11% im ersten Halbjahr 1927 gesteigert werden. Im Lebensmittelverbrauch ist der Fleischkonsum je Kopf der Bevölkerung auf 12,8 kg im ersten Vierteljahr 1927, d. h. auf die Vorkriegshöhe gestiegen.

Ursachen unzureichender Ergebnisse.

Trotz dieser bemerkenswerten Einzel- und Gesamterfolge der Rationalisierung, die hauptsächlich durch die *Produktionswirtschaft* erarbeitet worden sind, wollen die Klagen über die unzureichenden Auswirkungen bei Produzenten und Abnehmern nicht verstummen. Die Klagen der *Produzenten* über ungenügende *betriebliche* Auswirkungen können vielfach auf *unzweckmäßige Inangriffnahme oder einseitige Durchführung* der Erneuerungsmaßnahmen zurückgeführt werden, wobei entweder die technische oder die wirtschaftliche Produktivität einseitig betont und der Zusammenhang mit dem Absatzmarkt vernachlässigt wurde. Es muß allerdings festgestellt werden, daß auch bei organischer, d. h. alle Faktoren der Wirtschaftlichkeit richtig erfassender Reorganisation die *tatsächlichen Enderfolge* im Allgemeinen erstaunlich gering waren. Das hängt teils mit den Erhöhungen der Arbeitseinkommen, teils mit den enormen sozialen und steuerlichen Lasten, hohen Zinskosten für Fremdkapital, mit Streiks usw. zusammen. Es verdient deshalb ernste Beachtung, daß im Vergleich mit *ausländischen* Unternehmungen die *Gewinne der deutschen Industrie* recht bescheiden sind, teilweise so bescheiden, daß die Gefahr einer Abwanderung des deutschen Unternehmungskapitals nicht von der Hand gewiesen werden darf. Beispielsweise betrugen die Gewinne in der gesamten *Eisenindustrie* in den Wirtschaftsjahren 1925 und 1926 zusammen noch nicht *100 Millionen*, d. h. kaum 3% des gesamten Anlagekapitals. Die *amerikanische* Eisenindustrie hatte im gleichen Zeitraum ungefähr *1700 Millionen* Mark Reinverdienst, d. h. das *17fache* des deutschen Industriezweiges erzielt, während ihr Umfang nur das *Dreifache* der deutschen Eisen-Industrie beträgt. Ihre Gewinne sind demnach im Mittel auf das *Sechsfache* der deutschen Gewinne zu veranschlagen. Ähnliche Feststellungen lassen sich auch in anderen Industriezweigen machen, soweit einwandfreies statistisches Material vorliegt. Es steht mit den geringen Verdienstspannen der Produktionswirtschaft im Zusammenhang, daß beispielsweise von den an der Berliner Börse gehandelten Effekten die *Industriebetriebe* die schlechtesten Erträgnisse aufweisen, während die *Finanzinstitute* relativ hohe Gewinne zu verzeichnen haben. Man darf diese Erscheinung nicht etwa auf eine zu hohe Bemessung der Nominal-Kapitalien in der Industrie zurückführen; in der Mehrzahl aller beobachteten Fälle ist eine solide und vorsichtige Festsetzung der Nominal-Kapitalien in den Umstellungsbilanzen vom 1. Januar 1924 erfolgt. Wo das nicht geschah, haben sich nachträgliche Korrekturen als unvermeidbar erwiesen [1]).

---

[1]) Aus den bei Abschluß dieser Niederschrift vorliegenden Abschlüssen von etwa 40 verschiedenartiger Unternehmungen der Metallindustrie ergibt sich, daß zwar die *Rohgewinne* teilweise beträchtlich, die *Reingewinne* aber durchweg in ganz unzureichender Weise gestiegen sind. Infolge der Rationalisierung sind die Lagervorräte bei gesteigerten Umsätzen wesentlich gesunken. Die Rentabilität der Kapitalien hat sich nur unerheblich gebessert, so daß keine oder nur eine unbefriedigende Steigerung der Dividende stattgefunden hat. Mehr als die Hälfte dieser Firmen haben überhaupt keine Dividende gezahlt. Die Hauptwirkung der Rationalisierung scheint hier in der Verbesserung der Liquidität zu beruhen.

Steuerlasten.

In diesem Zusammenhang verdienen die Ergebnisse einer vom Reichsverband der deutschen Industrie kürzlich abgeschlossenen Denkschrift Aufmerksamkeit. Wir lassen die Hauptergebnisse im folgenden für sich sprechen:

1. Die untersuchten Unternehmungen lieferten im Jahre 1925 durchschnittlich *63%* ihres gesamten besteuerungsfähigen Einkommens bzw. *5,5%* des insgesamt in ihnen arbeitenden Kapitals an den Steuerfiskus ab.

2. Die Gesamtsteuerbelastung der industriellen Unternehmungen (es kommen etwa 300 untersuchte Betriebe in Frage!) betrug 1925 das *11,34fache* und — ohne Umsatzsteuer — das *8,76fache* der Gesamtsteuerbelastung im Wirtschafts- und Steuerjahr 1913.

3. Durch den Steuerbedarf des Reiches werden *37,29%* und durch die Steuerbedürfnisse der Länder und Gemeinden *62,71%* der Gesamtsteuerbelastung der untersuchten Unternehmungen bedingt.

4. *Über zwei Drittel* (66,83%) der Steuereingriffe in die untersuchten Unternehmungen erfolgten in der Erhebungsform der *Realsteuern.*

5. Zwei Drittel (65,37%) der Steuerleistungen der Unternehmungen sind *Besitzsteuern.*

6. Die *Gewerbekapital-*, die Gewerbeertrags- und die Vermögenssteuern wirken sich auf die industrielle Leistungskraft als *progressive* Belastungen aus.

7. Die *Lohnsummensteuer* wirkt sich infolge ihrer Höhe und ihrer Bemessungsgrundlagen volkswirtschaftlich als eine *Besteuerung von Arbeits-Verwendungsmöglichkeiten* aus. Sie trifft die einzelnen Unternehmungen um *so stärker,* je mehr Arbeiter sie beschäftigen, d. h. *je höher ihr volkswirtschaftlicher Wert* zu veranschlagen ist.

Daß unter diesen Umständen der Erfolg der industriellen Rationalisierung aufgesogen und insbesondere der zur Hebung des Absatzes notwendige Preisabbau unterbunden wird, liegt auf der Hand. Die durchgreifendste Rationalisierung kann unmöglich die ersehnten Früchte tragen, wenn wirtschaftsfremde Kräfte ihre Auswirkung hemmen, wenn durch Eingriffe der Behörden, durch erdrückende steuerliche und »soziale« Lasten, durch Erhöhung der Verkehrstarife u. dgl. m. die stetige Entwicklung gestört wird. Diese Momente sind es, die die

Auswirkung der betrieblichen Anstrengungen auf Unternehmer- und Arbeiterseite zum größten Teil verhindern.

Es scheint überhaupt, als ob — gesamtwirtschaftlich gesehen — die erzielten *Mehrleistungen je Kopf der Belegschaft* durch höheren Aufwand anderer Glieder der Wirtschaft verzehrt werden. Darauf dürfte es zurückzuführen sein, daß die Rationalisierungserfolge keine Befriedigung in der Gesamtwirtschaft hervorgebracht haben. Dabei darf indes nicht an einer Erscheinung vorbeigegangen werden, die zwar nur vereinzelt aufgetreten ist, trotzdem aber als bedenklich bezeichnet werden muß. In einigen Industriezweigen scheint die Reorganisation in den *Anfängen* stecken geblieben zu sein, weil inzwischen eine *Wiederbelebung des Absatzes* eintrat und man auf eine Weiterführung der Umstellungsarbeiten und eine Erhöhung der Wirtschaftlichkeit glaubte verzichten zu können. Dieses frühzeitige Abstoppen von Umstellungsmaßnahmen ist überaus gefährlich, weil bei den unvermeidbaren Rückschlägen der Konjunktur die Wiederinangriffnahme der Arbeiten sehr zeitraubend und kostspielig ist und selten die erste freudige Mitarbeit aller Beteiligten wiederkehrt. Der durch die besonderen Erwartungen ausgelöste Impuls geht leicht verloren. Wenn inzwischen noch die *ausländische* Industrie infolge weitergehender Verbesserungen und Preisherabsetzungen einen Vorsprung errungen hat, so bedarf es verdoppelter, oft verzweifelter Anstrengungen, um die Scharte auszuwetzen und das Verlorene einzuholen; oft ist das unmöglich.

Ein lehrreiches Beispiel in dieser Richtung bietet der *Ruhr-Bergbau*. Hier hat die Förderung wieder den Stand *vor* Inangriffnahme der Umstellungsmaßnahmen erreicht. Der Schichtlohn steht 20% über demjenigen vom Januar 1925; die Gesamtlohnsumme ist um 6% gegenüber dem gleichen Zeitpunkt gestiegen. Die Leistung fiel seit Februar 1927 von 1,147 Tonnen auf 1,105 Tonnen oder im Vergleich zum Januarstand 1925 von 127,3 auf 122,6%.

Die Vorteile der großen Mechanisierungen der Jahre 1925 und 1926 sind allein in Lohnsteigerungen verbraucht worden, während dem investierten Kapital wenig zugute gekommen ist. 1913 umfaßte die maschinelle Ausrüstung des Ruhrbergbaues 10 700 Bohrhämmer, 35 Drehbohrhämmer, 230 Abbauhämmer, 15 Großschrämmaschinen, 256 Säulenschrämmaschinen, 1900 Schüttelrutschenmotore mit 110 km Rutschenlänge. 1926 dagegen erreichte die technische Ausrüstung an Kohlengewinnungsmaschinen 36 500 Bohrhämmer, 2400 Drehbohrhämmer, 47 300 Abbauhämmer, 317 Kohlenschneider, 683 Großschrämmmaschinen, 784 Säulenschrämmaschinen und 7800 Schüttelrutschenmotore mit über 390 km Rutschenlänge. Durch diese überaus starke Mechanisierung hat sich der Anteil der von Hand- und Schießarbeit gewonnenen Fördermenge gegenüber der durch Maschinen gewonnenen sehr zugunsten der letzteren verschoben (15% gegen 85%). Die Steigerung der Leistung pro Arbeiter und verfahrene Schicht im Monat von 1845 kg in 1913 auf 2475 kg ist also im wesentlichen auf die Maßnahmen der Mechanisierung der Kohlengewinnung zurückzuführen, während gleichzeitig keine Minderung der Arbeitsleistung der Arbeiter eingetreten ist. Eine weitere Steigerung der Leistung und damit eine Senkung der Arbeitskosten ist durch Mechanisierung vorläufig unmöglich. Bereits seit Mitte 1926 besteht eine Konstanz der Leistung trotz weitergetriebener Mechanisierung. Der Höhepunkt ist also erreicht. Daß dieser Höhepunkt Mitte 1926 anscheinend schon überschritten wurde, ergibt sich aus dem Kohlenabsatz im bestrittenen Marktgebiet. Er betrug im Juli 1926 3,63 Millionen t = 55 Prozent des Gesamtabsatzes, im November 1927 nur noch 1,86 Millionen t = 38 Prozent des Gesamtabsatzes, der in der gleichen Zeit von 6,57 auf 4,82 Millionen Tonnen sank.

Wie auf mehrere Jahre verteilte Ermittelungen ergeben haben, kostet der jährliche Betrieb eines Abbauhammers 400 RM, der einer Großschrämmaschine 10 675 RM und der eines Schüttelrutschenmotors ohne die zugehörigen Rutschenlängen 2416 RM. Für den Verschleiß und die Instandhaltung der Rutschen sind zusätzlich, bezogen auf 100 m Länge, rund 2500 RM jährlich zu rechnen. Da mit einem Abbauhammer arbeitstäglich 5 t im Durchschnitt gewonnen werden und mit einer teueren Schrämmaschine nur 30 t, bestehen große Unterschiede in den Maschinenbetriebskosten je t Kohle, die sich noch durch die sehr verschiedene Gewinnbarkeit von Fett-, Gas- und Gasflammenkohle verstärken. Berücksichtigt man die laufenden Ausgaben für die insgesamt über 400 km langen Schüttelrutschen, so haben sich die jährlichen Maschinenbetriebskosten des Ruhrbergbaus seit dem Jahre 1924 bis 1927 um rund 400% gesteigert.

Wie sehr die jährlichen Mechanisierungskosten im Laufe der Zeit gestiegen sind, ist daraus zu ersehen, daß sie für das Jahr 1927 bereits so hoch sind wie die durchschnittlichen *monatlichen* Ausgaben für die gesamten Arbeitskosten, die sich bekanntlich aus den Löhnen, den Zuschlägen und den sozialen Leistungen zusammensetzen.

Entwicklung der Mechanisierungs- und Arbeitskosten zur Förderung.

	Nutzförderung in t	Steigerung %	Maschinenbetriebs- u. Arbeitskosten*)	Steigerung %
1924:	83 792 505	110	732 903 000 RM	100
1925:	93 891 576	112	932 746 000 RM	127,3
1926:	102 689 447	122,5	964 635 000 RM	131,6
1927:	107 966 849	128,8	1 082 262 000 RM	147,7

*) ohne Beamtengehälter.

Die ununterbrochene Steigerung der Ausgaben des Ruhrbergbaus gerade in den beiden wichtigsten Punkten geht eindringlich aus der Tabelle hervor, und es zeigt sich, daß die Summe der fraglichen Ausgaben seit 1924 auf 147,7%, die nutzbare Förderung jedoch nur auf 128,8% gestiegen sind. Die Differenz von 19% stellt das hinsichtlich der Rentabilität negative Ergebnis der Rationalisierungsbestrebungen im Ruhrbergbau dar.

Selbstfinanzierung

Soweit die *Konsumentenkreise* die Auswirkung der Umstellung in dem ausgebliebenen oder unzureichenden Preisabbau als ungenügend erachten, machen sie die »*Kapitalansammlung*« in der Industrie verantwortlich. Es steht fest, daß die Neigung zur *Selbstfinanzierung* aus den Erträgnissen manchmal stark ausgeprägt ist. Wenn es sich hierbei im gegebenen Betriebsumfang um die notwendige Auswechslung überalterter, durch kriegswirtschaftlichen Raubbau entwerteter Betriebsmittel handelt, so liegt dieses Bestreben im betriebs- und gesamtwirtschaftlichen Interesse und ist in diesem Falle eine notwendige Vorsorgemaßnahme, die ein Schritthalten mit der kapitalstärkeren und unter günstigeren Bedingungen arbeitenden Auslandskonkurrenz ermöglicht. Die restlose Ausschüttung aller Erträgnisse in Form von Dividenden, Tantiemen, Gehältern und Löhnen ist dann nicht unbedenklich, wenn bei dem geringen Spartrieb der Bevölkerung die Einkommen hauptsächlich dem Markt der *Konsumgüter* zufließen, der dadurch eine Belebung erfährt, die gesamtwirtschaftlich gesehen recht unerwünscht sein kann. Anders muß die Sachlage beurteilt werden, wenn die Unternehmungen eine der Einkommensbildung vorauseilende Erweiterung ihrer Betriebsanlagen vornehmen, obgleich die gegenwärtigen Einrichtungen der Art und dem Umfange nach alle Bedürfnisse des Marktes voll befriedigen können. In diesem Falle wird es sich um eine unproduktive Kapitalanlage handeln, die Verlustgefahren in sich birgt und auf den Kreislauf der Güter in der Gesamtwirtschaft störend einwirkt.

Rationalierung und Kalkulation.

Eine andere, hiermit eng verbundene Ursache unbefriedigender Auswirkung der Umstellungsmaßnahmen liegt in der *Preisstellung*, die auf *falscher Kostenrechnung in Bilanz und Kalkulation* beruht. Hierbei handelt es sich meist darum, daß die Unternehmungen *alle durch die Erneuerung, Verbesserung und Umstellung entstandenen Aufwendungen* als *Kosten* auf die Erzeugung des Umstellungsjahres umlegen und dadurch den Selbstkostenpreis der Erzeugnisse nicht unerheblich erhöhen. Für die Unternehmungen ist hierbei der Gesichtspunkt maßgebend, derartige Sonderaufwendungen möglichst rasch hereinzuholen und nicht in neue Wirtschaftsperioden zu übernehmen, weil sie im nächsten Jahr vielleicht nicht mehr wirksam sind. Dieser Gesichtspunkt ist eine Auswirkung der soliden Bilanzierungsgrundsätze der Vorkriegszeit. Es ist diesem Verfahren nur entgegenzuhalten, daß die Erzeugnisse grundsätzlich nur mit den zu ihrer Herstellung erforderlichen Kosten belastet werden dürfen, die Kostenbestandteile der Güter darstellen. Der durch den Markt gebildete Preis vermag auch nur diejenigen Gesamtkosten zu erstatten, die ihm als Einkommen zufließen und die Kaufkraft der Konsumenten gestalten. Keineswegs vermag der Absatzmarkt alle durch betriebswirtschaftliche Umstellungen nur rechnungs- bzw. bilanzmäßig in Erscheinung tretende »unechte Kosten« im Preise zu vergüten. Wird trotzdem versucht, infolge monopolistischer Stellung einzelner Unternehmungen derartige Aufwendungen in den Preis hineinzurechnen, so müssen andere Wirtschaftszweige Not leiden. Die daraus entstehenden Rückwirkungen machen sich schließlich in allen Industriezweigen geltend, weil die Wirtschaftszellen unlösbar miteinander verflochten sind.

In der Praxis spricht man gewöhnlich schon von »Verlusten«, wenn man gezwungen ist, den Verkaufspreis um den Anteil der einkalkulierten Umstellungs- und Erneuerungskosten zu vermindern. Tatsächlich handelt es sich hier um unechte Verluste, die aus falscher Rechnung herrühren. Das Gleiche trifft übrigens zu für besondere Abschreibungen auf Neuanlagen oder für Abschreibungen auf nicht oder nicht voll genutzte Betriebsteile, die ebenfalls häufig als »Kosten« der Erzeugnisse angesehen werden, obgleich sie keinen Anteil an der Erzeugung haben und somit keine Kostenbestandteile der Güter darstellen. Das Bedenkliche einer derartigen Rechnung liegt nicht nur in dem Ausweis falscher Ergebnisse, sondern vor allem in denjenigen *Maßnahmen*, die auf diesen Ergebnissen aufgebaut werden. Häufig wird ein Abbau einzelner Betriebsteile vorgenommen, weil die Erfolgsrechnung dieser Betriebsglieder einen durch falsche Rechnung entstandenen Verlust ausweist, während tatsächlich ein echter Gewinn infolge des hohen Wirtschaftlichkeitsgrades dieses Betriebsteils erzielt wurde. Auf der anderen Seite pflegen Betriebserweiterungen und Kapitalinvestierungen dort zu erfolgen, wo ein buchmäßiger Gewinn, aber ein tatsächlicher Verlust entstanden ist. Diese letztere Erscheinung war in besonderem Maße der Inflationszeit zu eigen; gegenwärtig dürfte eher eine Berechnung von *Scheinverlusten* vorliegen, die keine geringeren Nachteile nach sich zieht als die Berechnung der Scheingewinne [1]).

An dieser Stelle sei noch auf eine die *Zusammenhänge* zwischen *Bilanz, Kalkulation und Rationalisierung* beleuchtende und mit der von den Verfassern schon früher in Wort und Schrift vertretenen Auffassung grundsätzlich übereinstimmende Abhandlung von *Professor Dr. Prion* eingegangen [2]). *Prion* unterscheidet drei Kostenarten im Hinblick auf die Rationalisierung:

1. Kosten, die durch *Festlegung oder Ausscheidung von Betriebsteilen* entstehen, die gewöhnlich noch mit einem Wert zu Buche stehen. Diese Buchwerte sollen abzüglich des Verkaufserlöses abgeschrieben werden; es handelt sich hierbei um Buchverluste, die als Kosten der Umstellung zu betrachten sind.
   Wir möchten hierzu bemerken, daß vorübergehend stillgelegte bzw. ausgeschiedene Betriebsteile nicht endgültig abgeschrieben zu werden brauchen, sondern daß man sie während der Zeitdauer ihrer Außerdienstsetzung auf einem besonderen Kapitalkonto »Ruhende Anlagen« sammeln kann, das je nach dem späteren Schicksal der Anlagen aufzulösen ist.
2. Kosten, die durch die *Umstellung* der Einrichtungen auf die neue Fertigungsart bzw. Betriebsaufgabe entstanden sind. Es wird hier von Fall zu Fall entschieden werden müssen, ob eine erhöhte Leistungsfähigkeit der Betriebsanlagen eine Verteilung dieser Kosten auf mehrere Jahre rechtfertigt oder ob sie dem laufenden Geschäftsjahr zur Last fallen.

Wir halten grundsätzlich das *erstere* Verfahren für das gesundere,

---

1) Vgl. folgende Untersuchungen von *Schmidt* »Organische Bilanz«, Berlin 1922; derselbe: »Wiederbeschaffungspreis«, Berlin 1923; derselbe: »Die Industriekonjunktur — ein Rechenfehler!« in Z. f. B. 1927, Heft 1—3 usw. in Z. f. B. 1928, 1—2.

2) Vgl. *Prion*: »Bilanz und Kalkulation bei der Rationalisierung«, in »Technik und Wirtschaft«, August 1927.

allerdings unter der Voraussetzung, daß es sich um eine *grundlegende, auf lange Sicht berechnete Umstellung und Erneuerung des Betriebes handelt, die den Unternehmungswert erhöht.* Nach den Geschäftsberichten der Gesellschaften scheint indes meist der *letztere Weg,* d. h. die Verbuchung im *laufenden* Geschäftsjahre eingeschlagen worden zu sein, wodurch natürlich das Umstellungsjahr erheblich belastet und die Umstellung selbst scheinbar unwirtschaftlich wird. Welche Fehldispositionen aus einer solchen Rechnung abgeleitet werden können, haben wir oben beleuchtet.

3. Kosten, die als anteilsmäßige *Abschreibungen* der Neuanschaffung entsprechend der Nutzungsdauer auftreten. Hier müssen die laufenden Abschreibungen der stillgelegten bzw. ausgeschiedenen Betriebsteile (vgl. 1) in Fortfall kommen. Wir halten das letztere für unbedingt geboten, wissen aber sehr wohl, daß vielfach versucht wird, die Abschreibungen der durch die Umstellung vorübergehend oder dauernd außer Kurs gesetzten Betriebsteile als *Kosten* in die Selbstkosten und den Verkaufspreis der Erzeugnisse einzurechnen. Deshalb sollte die *Abbuchung* aller vorübergehend oder auf längere Zeit stillgelegten Betriebsmittel vom Kapitalkonto und die Sammlung auf dem oben genannten *Sonderkonto* erfolgen, von dem keine Abschreibungen in die Selbstkosten der Erzeugnisse eingerechnet werden dürfen.

Nachstehend seien die von *Prion* [1]) benutzten Bilanzbeispiele wiedergegeben, die die Wirkungen der Bilanzierung auf die Kalkulation und Disposition treffend veranschaulichen. Das erste Kontenbild stellt die Bilanz nebst Gewinn- und Verlustrechnung eines *vor der Umstellung* stehenden Betriebes dar:

A 1

Bilanz				Gewinn- und Verlustrechnung			
Grundstücke	40	Kapital.. ...	80	Material und		200 Einheiten	
Maschinen:		Gewinn	4	Löhne	11	zu 100......	20
Anfangswert 50				Abschreibungen .	5		
Abschreibung 20	30			Gewinn	4		
Betrieb	14						
	84		84		20		20

[1]) *Prion*: »Bilanz und Kalkulation bei der Rationalisierung«.

Prion geht von folgenden Annahmen aus:

1. die *Hälfte* der Maschinen wird überflüssig: Buchverlust 15;
2. die *einmaligen* Umstellungskosten betragen 5;
3. die *Neuanschaffungen* an Maschinen belaufen sich auf 15;
4. die laufenden *Abschreibungen* stellen sich nunmehr:
   a) auf den Restbestand der alten Maschinen: 2,5 (für 6 Jahre),
   b) auf die Neuanschaffungen: 1,5 (für 10 Jahre),
   c) insgesamt also: 4.

Die Bilanz des umgestellten Betriebes würde wie folgt aussehen:

B 1

Bilanz					Gewinn- und Verlustrechnung			
Grundstücke		40	Kapital	80	Material und Löhne	11	200 Stück zu 100.....	20
Maschinen ..	30		Maschinen ..	15	Abschreibungen .	4		
still	15			65	Umstellungskosten......... (einmalige)	5		
			Kreditoren ..	15				
Zugang	15	30						
Betrieb		10						
		80		80		20		20

In diesem Kontenbild sind die stillgelegten bzw. ausgesonderten Betriebsteile mit 15 vom Anlagekapital abgeschrieben und dieses von 80 auf 65 ermäßigt worden, während die Mittel für die Neuanschaffungen auf dem Kreditwege beschafft worden sind. Es wird hier noch mit gleichen Produktionsmengen und gleichen Preisen wie im Falle A 1, d. h. vor der Umstellung gerechnet. Der Gewinn scheint durch die einmalige Abschreibung aufgezehrt zu sein. *Prion* kommt deshalb zu folgenden Schlußfolgerungen.

»Die Umstellung muß als sinnlos angesehen werden und zwar aus folgenden Gründen:

Kapitalmäßig: Durch die Aussonderung der Betriebsteile 15 und die einmaligen Umstellungskosten 5, von denen die Verringerung der Abschreibungen mit 1 in Abzug zu bringen ist, ist insgesamt ein Kapitalverlust von 19 entstanden, ohne daß ein erhöhter Gewinn eingetreten ist.

Betriebswirtschaftlich: Produktionsmittel sind ausgesondert worden, die unter Umständen in dem alten Verfahren hätten weiterverwendet werden können.

Volkswirtschaftlich: Eine vorzeitige Gütervernichtung, die eine vorzeitige bzw. erhöhte Nachfrage nach neuen Produktionsmitteln nach sich zieht«.

Wir können an dieser Stelle auf unsere früheren Darlegungen hinweisen, vor allem auf die »Ergebnisse der Betriebs-Untersuchungen« (vgl. oben Seite 51). Tatsächlich kommen derartige unwirtschaftliche Umstellungen dann vor, wenn die Betriebsleitungen allzu großen Wert auf neuzeitliche Einrichtungen oder einen »modernen Anstrich« des Fertigungsbetriebes legen. Gewöhnlich stehen damit die formalen Verbesserungen im Verwaltungsbetriebe im engen Zusammenhang. Indes brauchten trotzdem in dem Bilanzbeispiel die einmaligen Umstellungsaufwendungen nicht als Kosten einer Wirtschaftsperiode zu erscheinen, auch dann nicht, wenn die Erneuerung der Betriebsmittel in früheren Zeiten tatsächlich verabsäumt worden ist. Die abgeschriebenen Maschinen in Höhe von 15 würde man vorläufig auf einem Sonderkonto erfassen und bei Wiederverwendung einzelner Teile diese dem Anlagekonto in der durch den Betriebs- bzw. Gebrauchswert bestimmten Höhe zuschreiben.

Jede Umstellung sollte vor allem den Zweck verfolgen, die *Produktivität des Betriebes* zu verbessern. Man pflegt dann zuerst mit der technischen Produktivitätsverbesserung zu beginnen. Ob und inwieweit eine Verbesserung der wirtschaftlichen Produktivität erfolgen kann, hängt von der möglichen Auswahl der Produktionsfaktoren und der Nutzung der Beschaffungsmärkte ab. Die betriebswirtschaftliche Auswirkung ist außerdem durch den Marktanpassungsgrad des Betriebes bestimmt. Diesem Falle tragen die nächsten Bilanzbeispiele von *Prion* Rechnung:

C 1

Bilanz				Gewinn- und Verlustrechnung			
Grundstücke	40	Kapital	65	Material und Löhne	15	300 Stück zu 100	30
Maschinen	30	Kreditoren	15	Abschreibungen	3		
Betrieb	22	Gewinn	12	Gewinne	12		
	92		92		30		30

Hierzu führt *Prion* aus:

»Der Gewinn von 12 würde die Deckung der einmaligen Umstellungskosten in Höhe von 5 zulassen, so daß im Umstellungsjahr immer noch ein höherer Gewinn 7 (gegen 4 im alten Betrieb) ausgewiesen werden könnte. Nimmt man weiter an, daß es dem neuen Betriebe gelingen würde, statt der ursprünglichen 200 sogar 500 Stück herzustellen, so würde sich folgende Rechnung ergeben:

C 2

Bilanz					Gewinn- und Verlustrechnung			
Grundstücke		40	Kapital	65	Material und		500 Stück	
Maschinen ..	30		Kreditoren ...	15	Löhne	22	zu 100.....	50
still	15				Abschreibungen .	3		
	15		Gewinn	25	Gewinn	25		
Zugang	15	30						
Betrieb		35						
		105		105		50		50

Jetzt kann der Gewinn von 25 verwendet werden: I. zur Deckung der einmaligen Umstellungskosten in Höhe von 5, II. zur Abschreibung des einmaligen Buchverlustes auf Maschinen in Höhe von 15, so daß ein »Gewinn« von 5 übrig bleibt, der noch um 1 höher ist als im alten Betriebe (A 1). Dann kann das Kapital auf 80 belassen werden. Der hohe Gewinn hat außerdem zu einer Liquidität — 35 an Stelle von 10 in A 1 — geführt, die es ermöglicht, daß die Kredite von 15 zurückgezahlt werden. Der Rationalisierungsgewinn hat also ein doppeltes vermocht: Deckung der gesamten Umstellungskosten und Rückzahlung der Kredite. Dieses Ergebnis bedeutet: es besteht ein großer Anreiz, die Preise auch nach der Rationalisierung hoch zu halten, um zu diesem Erfolge zu kommen.

Allerdings wird die Rechnung für die *Öffentlichkeit* anders aufgemacht:

C 3

Bilanz				Gewinn- und Verlustrechnung			
Grundstücke ...	40	Kapital	80	Abschreibungen .	23	Bruttogewinn	28
Maschinen	30	Gewinn	5	Gewinn	5		
Betrieb	15						
	85		85		28		28

Es heißt dann gewöhnlich in der Erläuterung: der Gewinn wurde beeinträchtigt durch die technische Reorganisation, die nunmehr als abgeschlossen anzusehen ist. Und tatsächlich sind die hohen Preise vielfach mit dem Hinweis begründet worden, daß sie auch der Finanzierung dienen müßten, da die Kapitalbeschaffung auf Schwierigkeiten stoße. Das ist die *»Rationalisierung aus hohen Preisen«*; der Unternehmer kommt zu dieser Auffassung, weil er glaubt, er müsse die Umstellungskosten zunächst und sofort in den Preisen hereinholen: privatwirtschaftlich gut gedacht, betriebswirtschaftlich und volkswirtschaftlich aber unmöglich und auch unerwünscht [1]).«

Im weiteren Verlauf dieser Darlegungen kommt *Prion* zu ähnlichen Schlußfolgerungen, wie sie in dieser Schrift in anderem Zusammenhang und unabhängig von ihm niedergelegt worden sind.

Es wird häufig übersehen, daß die *technische* Rationalisierung bzw. die technische Produktivität nicht mit der Wirtschaftlichkeit des Betriebes zusammenfällt. Vor allem muß der *Markt* hinreichende Aufnahmefähigkeit — gegebenenfalls nach Bedürfnisweckung — für die hergestellten Erzeugnisse besitzen, was von Kaufkraft und Kaufneigung der Abnehmer abhängt. Das Bestreben, die Preise trotz der gestiegenen technischen Produktivität hochzuhalten, ist auf die oben erwähnte Neigung zur *Selbstfinanzierung* und Erfassung künftiger Umstellungen und Erneuerungen zurückzuführen. Natürlich findet dieses Bestreben immer seine Grenzen in der Kaufkraft und Kaufneigung der Abnehmerschaft, die maßgeblich den Beschäftigungsgrad des Betriebes bestimmt. Wir haben an anderer Stelle auf den Einfluß des Beschäftigungsgrades auf den Wirtschaftlichkeitsgrad des Betriebes hingewiesen und hierbei besonders die *Marktempfindlichkeit der kapitalintensiven Betriebe* unterstrichen. Deshalb wird auch gerade hier die Erzielung eines *gleichmäßigen und hohen Beschäftigungsgrades* im Hinblick auf den optimalen Wirtschaftlichkeitsgrad eine Preistaktik und Preispolitik erzwingen, die übertriebenen Neigungen der Selbstfinanzierung entgegensteht. Im Übrigen ist hier auf die Bedeutung der *Verkehrsgleichung* wiederum hinzuweisen: *die Summe aller Kosten entspricht der Gesamtheit der Einkommen.* Werden übermäßige Neuinvestierungen vorgenommen und dem Markt höhere Einkommensteile als die durch die Kostenbildung insgesamt geschaffenen Gesamtpreise entnommen, so wird die Gefahr einer geringeren Nutzung der Betriebsanlagen und die damit verbundene Überalterungs- und Entwertungsgefahr heraufbeschworen. Wenn sich derartige Gefahren auch nicht unmittelbar und nicht in gleichem Ausmaß in den Industriezweigen und ihren Betrieben äußern, weil die *Dringlichkeit der Bedürfnisbefriedigung* des Marktes verschieden ist und die Neigungen

---

[1]) Vgl. *Prion*: »Bilanz und Kalkulation bei der Rationalisierung.«

der Käuferschichten irrationale Momente darstellen, so schlagen sie sich doch in allen Wirtschaftszellen nieder und führen infolge der Verbundenheit der Wirtschaftszellen zu den gekennzeichneten Störungen im Kreislauf der Gesamtwirtschaft.

IX. Zusammenfassung.

Der organische Charakter der Betriebe.

Wenn in dieser Niederschrift die Strukturbildungen und Eigenarten der industriellen Betriebe aus den *Kostenrelationen ihrer Produktionsfaktoren* heraus erklärt und im Zusammenhang damit die *Wege der wirtschaftlichen Betriebsführung* beleuchtet worden sind, so war hierbei letzten Endes die Erkenntnis des *organischen Charakters der Wirtschaftszellen und ihrer unlösbaren Verbundenheit mit der Gesamtwirtschaft* bestimmend. Das muß gegenüber der *mechanistischen* Auffassung betont werden, die in den Betrieben eine *Apparatur* und in dem Menschen die toten Bestandteile dieser Apparatur sieht. Wenn diese Grundauffassung vom organischen Wesen und Leben der Betriebe allgemein anerkannt wird, so ergeben sich daraus *Verpflichtungen* für die *Unternehmungen* selbst, für die *wissenschaftliche Forschung* und für die *staatlichen Organe*, deren Erfüllung die Voraussetzung einer gedeihlichen Entwicklung der Einzel- und Gesamtwirtschaft bildet.

Forderungen an die Unternehmungen.

Die Unternehmungen müssen sich vor allem des *organischen Charakters* ihrer Betriebe in stärkerem Maße bewußt werden. Sie müssen das »Hineinhorchen in den Betrieb« stärker pflegen. Das »Fingerspitzengefühl« soll dabei nicht etwa ausgeschaltet, sondern verstärkt, aber kontrolliert werden durch betriebs- und volkswirtschaftliche Erkenntnisse, die die erste *Voraussetzung neuzeitlicher, planmäßiger Betriebs- und Wirtschaftsführung* darstellen. Insbesondere ist der *Arbeitsvorbereitung und -führung* größere Aufmerksamkeit zu schenken. Hinzu muß eine den strukturellen Besonderheiten der Wirtschaftszellen entsprechende *Betriebsorganisation* treten und eine *Betriebsrechnung*, die die Wirtschaftlichkeitsfaktoren verfolgt und die letzten Endes die Grundlage aller dispositiven und organisatorischen Maßnahmen bildet. Gerade hier liegen die Möglichkeiten einer *positiven*, schöpferischen Umstellung gegenüber der gefährlichen *negativen* Rationalisierung. Jede *einseitige Betonung* des einen oder anderen *Wirtschaftlichkeits-*

faktors ohne gleichzeitige Beachtung der anderen Faktoren beeinträchtigt den Wirtschaftlichkeitsgrad des Betriebes. Auch die einseitige Pflege dieses oder jenes *Produktionsfaktors*, sei es Werkstoff, Arbeit oder Anlagekapital, hemmt die Entwicklung der Wirtschaftlichkeitsquellen und rächt sich auch an dem bevorzugten Produktionsfaktor selbst. Die damit zusammenhängenden einseitigen und überstürzten Maßnahmen in der Umstellung und Erneuerung des Betriebes — unproduktive Maßnahmen — gehen infolgedessen an dem *inneren Wesen, dem Kern des Betriebslebens* vorbei; sie legen deshalb niemals den Grundstein zu dauernden Erfolgen, geben viel häufiger Anlaß zu Störungen der Betriebsharmonie.

Die Erkenntnis der wirtschaftlichen Zusammenhänge scheint Fortschritte zu machen, gefördert durch die *betriebswirtschaftliche Forschung* und den harten Anschauungs-Unterricht der Nachkriegszeit. Aber noch sind die Nutzanwendungen dieser Forschungsarbeit in der industriellen Praxis unbefriedigend. Die »Praktiker« experimentieren viel auf empirischer Grundlage, werden dadurch zur *Vergeudung* von Kraft, Zeit und Stoff veranlaßt. Die *Durchgeistigung* der Betriebe befindet sich im allgemeinen noch im Anfangsstadium, weil die Voraussetzungen für eine nachhaltige Umstellung selten in dem erforderlichen Ausmaß gegeben sind. Zur schnelleren Durchführung dieses schmerzhaften, aber notwendigen Prozesses sollten in stärkerem Maße führende Köpfe herangezogen werden, die entweder in dem Betriebe an leitender und verantwortlicher Stelle wirken oder längere Zeit zur Einleitung und Überwachung grundlegender Umstellungen erforderlich sind.

Wirtschaftssachverständige.

Es darf sich bei den Sachverständigen nur um wirtschaftlich, technisch und organisatorisch geschulte und vertrauenswürdige Persönlichkeiten handeln, die die jeweiligen Wege und anzuwendenden Mittel einer betrieblichen Erneuerung klar zu erkennen und in geeigneter Weise mit den Leitungen gemeinsam durchzuführen vermögen. Heute versuchen viele Betriebe, sich die Mittel und Methoden anderer Unternehmungen zu verschaffen und diese unter Außerachtlassung der besonderen Vorbedingungen zu nutzen. Die deutschen Betriebe sollten von den *amerikanischen* Unternehmungen lernen, die sich berufener Sachverständiger — »Wirtschaftsärzte« — mit sehr großem Erfolge bedienen und erhebliche Verluste durch sachgemäße Beratung und Beaufsichtigung des Umstellungsprozesses vermeiden. Insbesondere sollten alle Entschlüsse von *größerer Tragweite*, wie die *Um-*

stellung, Vergrößerung, Fusionierung, Finanzierung und Auflösung der Unternehmungen erst nach einer umfassenden und sachverständigen Betriebs-Untersuchung durchgeführt werden. Auch die *laufende Überwachung* der von der Unternehmungsleitung beschlossenen größeren Maßnahmen wird zweckmäßigerweise von neutralen und unabhängigen, statt von leitenden Organen des Betriebes durchgeführt. Die Erfahrung lehrt, daß neutrale Sachverständige nicht den Hemmungen und Rücksichten unterliegen, die die Betriebskräfte an der systematischen und schnellen Durchführung durchgreifender Maßnahmen so häufig hindern. Gerade dieses letztere Moment ist von erheblicher Bedeutung; es ist die Ursache, daß so manche von der Unternehmungsleitung als notwendig erkannte und beschlossene großzügige Maßnahme im Sande verläuft, weil niemand für ihre praktische und sinnvolle Durchführung voll verantwortlich gemacht werden kann. Scheinmaßnahmen und Scheinerfolge treten an die Stelle grundlegender Maßnahmen und verschleiern die Mißerfolge, bis der trügerische Boden unter der Wucht der Ereignisse zusammenbricht. Auf diesem Gebiet eröffnet sich auch den industriellen Verbänden ein reiches Feld fruchtbarer Betätigung. Natürlich müßten auch hier zuerst *betriebswirtschaftliche Beratungsstellen* errichtet werden, die besonders den *mittleren und kleineren* Betrieben die Möglichkeit sachverständiger Hilfe durch umfassende *Betriebs-Untersuchungen* in dem hier vertretenen Sinne bieten. Mit der Aufstellung von Grundsätzen allein ist nicht viel getan; von entscheidendem Einfluß ist die sinnvolle *Anwendung*, d. h. die Übertragung der Richtlinien unter Beachtung der besonderen Verhältnisse der Praxis [1]).

Forderungen an die Wissenschaft.

Daß die *wirtschaftswissenschaftliche Forschung* in einem stärkeren Kontakt zur Wirtschaft, insbesondere zu den *Industriebetrieben* stehen sollte, ist in dieser Niederschrift wiederholt zum Ausdruck gekommen. *Die Wissenschaft und vor allem die betriebswirtschaftliche Forschung muß die Nöte und Sorgen der Wirtschaft genau kennen, damit sie ihre Kräfte und Erkenntnisse für deren Behebung zur Verfügung stellen kann.*

---

[1]) An dieser Stelle sei auf die vom *Verein deutscher Maschinenbau-Anstalten* durch *Karl Lange* und *Schulz-Mehrin* veröffentlichten *Vergleichsziffern* hingewiesen, die den Mitgliedsfirmen die Möglichkeit bieten, sich über die betrieblichen Zusammenhänge gleicher oder ähnlicher Unternehmungen zu informieren und entsprechende Schlußfolgerungen daraus zu ziehen. Diese Schlüsse haben natürlich nur unter Beachtung der in dieser Niederschrift oben, Seite 8/18, erörterten Grundbedingungen eine fruchtbare Wirkung.

Dazu muß ihr auch die Möglichkeit durch praktische Studien und Untersuchungen gegeben werden; sie muß Eingang in die Betriebe finden und nicht vorwiegend auf Berichtsmaterial aus den Betrieben angewiesen sein. Bevor der Wissenschaft nicht Tor und Tür geöffnet werden, darf man auch keine weittragenden Forderungen an sie stellen.

Auch die *Erziehung und Schulung* der Arbeitskräfte erfordert noch große Anstrengungen seitens der Wissenschaft. Zwar handelt es sich hierbei um eine schwere und langwierige Aufgabe, deren Lösung aber von allergrößtem, wahrscheinlich von entscheidendem Einfluß auf die Richtung unserer wirtschaftlichen und kulturellen Entwicklung sein wird. Hierher gehört auch die *Heranbildung des Unternehmernachwuchses.* Man beginnt einzusehen, daß die schon an den Fach- und Hochschulen einsetzende *Spezialisierung* durchaus keine Konzentrierung bedeutet, sondern zu einem Überwuchern des Spezialistentums führt, das an den Zusammenhängen im wirtschaftlichen und kulturellen Leben vorbeigeht, das an *Schöpferkraft und Entwicklungsmöglichkeit* verliert und somit eine *ernste Gefahr für die Wirtschaftskraft eines Landes* bedeutet. Diese Erkenntnis hat sich u. a. in Reformen an den Technischen Hochschulen in *München, Dresden* und *Berlin* ausgewirkt. Es wird hier eine Kombination des wirtschaftlichen und technischen Studiums versucht, um Kräfte heranzubilden, die allen Anforderungen einer neuzeitlichen Betriebs- und Wirtschaftsführung gewachsen sind. An der *Handels-Hochschule Berlin* ist vor etwa zwei Jahren auf Anregung und unter aktiver Mitwirkung und Leitung der Verfasser ein andersartiger Versuch unternommen worden, der dieses Ziel durch Bildung einer »*Produktionswirtschaftlichen Arbeits-Gemeinschaft*« zu erreichen strebt. In einem zweisemestrigen Turnus werden erfahrene Wirtschafts-Akademiker der verschiedensten Richtungen: Diplom-Kaufleute, Diplom-Handelslehrer, Diplom-Ingenieure, akademisch gebildete Landwirte, Volkswirte und Persönlichkeiten in leitenden Stellungen mit den neueren Erkenntnissen der Betriebs- und Wirtschaftsführung vertraut gemacht. Nach den bisherigen Erfolgen könnte diese Einrichtung trotz der Hemmungen besonderer Art, unter denen sie leidet, einen erheblichen Anteil an der Heranbildung eines modernen Unternehmernachwuchses erringen, sofern ihr von den verantwortlichen Stellen die notwendige Pflege zuteil werden würde[1]).

---

[1]) Die »*Produktionswirtschaftliche Arbeitsgemeinschaft*« erstrebt die vertiefte Behandlung aller Betriebsvorgänge und die Erforschung der Zusammenhänge zwischen Einzel- und Gesamtwirtschaft. Dieses Ziel wird auf dem Wege von *Vorlesungen, Übungen und Betriebsstudien* innerhalb eines begrenzten Kreises

Forderungen an die öffentlichen Gewalten.
Schließlich muß im Interesse der gesunden Entwicklung der Gesamtwirtschaft und ihrer Zellen eine pfleglichere und verständnisvollere Behandlung der Wirtschaft seitens der Organe des Reiches, der Länder und der Städte erwartet werden. Hier kommen nicht nur die allseitig mit Nachdruck geforderte *Umstellung der öffentlichen Verwaltungen* und die damit zusammenhängenden *steuerlichen und sozialen Erleichterungen*, sondern auch *wirtschaftspolitische* Maßnahmen auf weite Sicht in Betracht. Die handels- und zollpolitischen Maßnahmen müssen den nationalwirtschaftlich wichtigen Wirtschaftszweigen die Möglichkeiten gefestigter Entwicklung bieten; das gilt in erster Linie für die *Landwirtschaft* und alle lebensnotwendigen Wirtschaftszweige. Dazu gehört auch die staatliche Förderung und Unterstützung aller auf die Verbesserung der Wirtschaftlichkeit der deutschen Betriebe hinzielenden Maßnahmen und Einrichtungen, die letzten Endes der *Gesamtwirtschaft und damit dem Staate* in reichem Maße zugute kommen. Die Kristallisation aller dieser Bestrebungen sollte in einem *Zentralorgan für Wirtschaftlichkeit* gegeben sein, das unter hervorragender fachlicher Führung stehen und weitgehende Befugnisse erhalten müßte. Gegenwärtig verfügen wir leider über keinen für diese Aufgabe geeigneten Körper, der etwa als Volkswirtschaftsrat im Bismarckschen Sinne anzusprechen wäre.

Schlußwort.

Die deutsche Wirtschaft ist groß geworden durch den Genius ihrer Unternehmerschaft in engster Verbindung mit der zähen Hingabe aller Werktätigen an den Betrieb, der den Boden gemeinsamer Betätigung und Auswirkung der Kräfte bildete. Diese enge Verbundenheit von Werk und Mann und die Überzeugung von der inneren Berufung war die tiefste Quelle des deutschen Aufstieges. Hinzu trat ernste Forschungsarbeit und ein enges Zusammenwirken von Technik und Wirtschaft. Wenn auch

---

von Teilnehmern in 2 Semestern mit je 8 Wochenstunden durchgeführt. Die Hauptgebiete sind:
1. *Waren- und Arbeitskunde* in Verbindung mit der Technologie und den Grundlagen der Arbeitsführung (Mäckbach).
2. *Betriebs-Disposition und -Organisation*, d. h. grundsätzliche Darstellung der Beschaffungs-, Fertigungs-, Lager- und Terminwirtschaft, der Arbeitsorganisation usw. im Zusammenhang mit der *Betriebsrechnung* (Hellwig).

ein glückliches Zusammentreffen mehrerer Grund- und Vorbedingungen[1] *(Staat, Edelmetallproduktion, Technik, Verkehrsgestaltung, Bevölkerung) den industriellen und wirtschaftlichen Aufschwung der 1870er und 1890er Jahre zu einem so imposanten und beispiellosen gestaltete, so darf darüber die Führerschaft von Männern nicht vergessen werden, die wie Krupp, Siemens, Borsig, Thyssen und andere, in sich den Kaufmann und Techniker, den Eroberer und Erfinder, den Organisator und Forscher vereinigten. Auch die glänzendsten sachlichen Vorbedingungen großer Aufstiegmöglichkeiten bleiben ohne die Schöpferkraft genialer Führernaturen und die tatkräftige Mitwirkung aller Wirtschaftskräfte ungenutzt. In der unter schwerster äußerer und innerer Belastung hart ringenden deutschen Wirtschaft müssen deshalb in erster Linie die schöpferischen Persönlichkeiten zu freiester Auswirkungs- und Entfaltungsmöglichkeit gelangen. Das Persönlichkeits- und Verantwortungsbewußtsein muß allgemein in Unternehmer-, Angestellten- und Arbeiterschichten mit allen Kräften gestärkt werden. Ohne Erfüllung dieser Vorbedingungen kann die deutsche Wirtschaft niemals an einen echten, grundlegenden Aufstieg denken. Nur in engster und verbundener Zusammenarbeit unter verantwortungsbewußter freier Führung kann die deutsche Nation den ihr aufgezwungenen harten Kampf um Sein oder Nichtsein durchführen. Hier liegen deshalb die schicksalsmäßig gegebenen Momente der Einigung für alle Schichten und Stände: durch sachliche Arbeit am und im Betriebe, durch verbundene Selbsthilfe eine gesunde Grundlage der Entwicklung zu schaffen. Wirtschaft bedeutet Schicksal; das gilt in besonderem Maße für die deutsche Kultur und die deutsche Nation!*

---

[1]) Vgl. *Sombart*: »Der moderre Kapitalismus«; derselbe »Die deutsche Volkswirtschaft im 19. Jahrhundert«.

Sachregister.

Kolibri 360 GmbH
Ferdinand-Jühlke-Straße 7
99095 Erfurt, Deutschland
produktsicherheit@kolibri360.de